小麦粉、乳製品、卵を使わないグルテンフリーレシピ
50

はじめてでもおいしく作れる

米粉のパウンドケーキ

多森サクミ

はじめに

一般的には、小麦、バター、卵、という3つの黄金の組み合わせで作るパウンドケーキ。
これらを使うだけで簡単にしっとり、ふんわりとした食感やコクのある味わい、
おいしさが長続きする魔法の食材です。

でもそんな魔法の食材を使わないで、おいしいパウンドケーキを作るには？
なんだかむずかしく思うかもしれませんが、ご安心ください！
小麦粉を使うパウンドケーキのレシピよりも、実は簡単なくらい！！
ほんの少しのコツがわかれば、
米粉を使ってしっとり、ふんわりのおいしいケーキができます。

1章でご紹介するのは米粉で作る基本の4つの生地。
初心者の方には、バナナを卵代わりに使う、
一番失敗が少ない基本のAタイプの生地がおすすめ。
そしてこの本では、これまでになかった新しい製法にもチャレンジしました。
米粉と熱湯で「米ペースト」を作り、生地の粘りと保水力を高める方法です。
生地に粘りが出ることで、きめが細かくなり、ふんわり感がアップ。
保水力のおかげで翌日もしっとり柔らかです。多森式新製法！ ぜひ、作ってみてください。

そして2章ではグルテンフリーケーキの生地に使える、米粉以外のいろんな楽しい「粉」をご紹介しています。
風味はもちろん、弾力や歯切れのよさなどの食感やしっとり感もそれぞれ違い、個性があります。
これまでの「米粉レシピ」から一歩進んだ、粉によるバリエーションも楽しんでいただけたらうれしいです。

また、この本では「自由にアレンジしてもらえる、生地辞典のような本」を目指しました。
そのため、アレンジしやすいようにどの生地にもプレーンの基本の作り方を紹介しています。
材料がそろわなくても、おうちにある素材で簡単にアレンジを広げてもらえたら、という願いです。
そして、生地別のアレンジレシピは、その生地だけではなく、
他の生地にも応用できるものがたくさん！
そばアレルギーの場合は他の生地で赤ワインフィグのケーキを。
ひよこ豆粉がなければ基本Dのケーク・サレ生地でごろごろベジタブルカレーのケーク・サレを。
そんな使い方をしていただけたら、うれしいです。
慣れてきたら、生地×アレンジで、自由にオリジナルのケーキを楽しんでくださいね。

小麦や卵、乳製品が食べられなくても、魔法の食材が使えなくても、もう関係なし！
見た目や味も「除去ではない」本当においしいパウンドケーキ。
たくさんの方にこのおいしさが届き、おやつやプレゼントに喜ばれるレシピとして、末永く大活躍しますように。

多森サクミ

contents

はじめに 3

米粉パウンドケーキは簡単でおいしい！ 6
基本は4つの生地 7
型は1つでOK／型にはオーブンシートを敷いて 8
最後までおいしく食べる方法 9

chapter 1 基本のパウンドケーキ

基本のタイプ A　ふんわり、しっとりパウンドケーキ 12
もりもりメープルナッツケーキ 14
たっぷりバナナケーキ 16
ごろごろチョコレートケーキ 16

基本のタイプ B　簡単リッチパウンドケーキ 18
ダークチェリークランブルケーキ 20
ココア＆チョコチップケーキ 22
ジューシーレモンケーキ 23

基本のタイプ C　しっとりリッチパウンドケーキ 24
クランベリーとピーカンナッツケーキ 26
ラムレーズンケーキ 28
抹茶大納言ケーキ 28

基本のタイプ D　シンプルシルキーパウンドケーキ 30
ミックスベリーのネイキッドケーキ 32
ココアマーブルケーキ 34
かぼちゃといんげんのケーク・サレ 35

chapter 2 8種の粉のパウンドケーキ

おからケーキ・プレーン 40
ガトーショコラ 42
黒ごまマロンケーキ 44
九条ねぎとウインナーのケーク・サレ 45

大豆粉ケーキ・プレーン 46
ミックスベリー＆ウォールナッツケーキ 48
あんずアールグレイケーキ 50
えびとそら豆とマッシュルームのケーク・サレ 51

コーンミールケーキ・プレーン 52
じゃがいもとブロッコリーのマスタードケーク・サレ 54
キャロットレーズンケーキ 56
コーンブレッド 56

きな粉ケーキ・プレーン 58
和栗のクランブルケーキ 60
ほうじ茶と抹茶の2色のケーキ 62

そば粉ケーキ・プレーン 64
ルバーブのケーキ 66
赤ワインフィグのケーキ 66
スモークサーモン・アボカド・春菊のケーク・サレ 68

ひよこ豆粉ケーキ・プレーン 70
ごろごろベジタブルカレーのケーク・サレ 72
ワイルドブルーベリーとカシューナッツケーキ 74
オリエンタルごぼうケーク・サレ 74

炒りぬかケーキ・プレーン 76
オレンジケーキ 78
チャイなスパイスケーキ 80
玄米コーヒーとカカオニブのケーキ 80

ホワイトソルガムケーキ・プレーン 82
グリル野菜のパクチーケーク・サレ 84
ココナッツパインケーキ 86
プルーンケーキ 86

arrange

マフィン 36
ラスク 37
ミニ和パフェ 63

初心者でもよくわかる 米粉パウンドケーキの基礎BOOK 88

米粉について 89
材料 90
道具 92
ミルサー&ミキサーで楽しむオリジナルパウダー 93
米粉パウンドケーキ作りの疑問を解決! 94

本書の使い方

- 大さじ1は15ml、小さじ1は5mlです。
- 本書のひとつまみは、親指、人差し指、中指の3本でしっかりとつまんだ量を指します。
- オーブンの温度や時間は目安です。本書では一般家庭用の電気オーブンを使用しています。熱源や機種によって焼き上がりに違いが生じるので調整してください。

1

粉はふるわなくてOK

米粉は小麦粉よりもサラサラしているので、ダマになりにくく、粉をふるいにかけなくても使えます。計量したらどんどんボウルに加えて混ぜるだけだから、下準備がとてもラク。材料さえあれば、作りたいときにさっと取りかかれるのもうれしいポイントです。

2

粉と液体をぐるぐる混ぜてOK

米粉はどんなに混ぜても粘りのもとであるグルテンは形成されないので、小麦粉の生地のように混ぜ方に注意する必要もなく、ぐるぐる混ぜることができます。お菓子作りのテクニックがいらないから、初心者でも気軽に作れるのが米粉のよいところ。

米粉パウンドケーキは
簡単でおいしい！

米粉ってなんだかむずかしそう、
ねっとりしてふわふわに焼き上がらないんじゃない？
そんなイメージはありませんか？
でもそんなことはありません。
米粉とのつき合い方がわかれば、
とっても簡単においしいパウンドケーキが焼けます。
米粉のよいところ、気をつけたいことなど、
ポイントを押さえてさっそくチャレンジしてみてください。

3

水分量を調整する

おいしいパウンドケーキにするために、気をつけてほしいのが水分量の調整です。米粉は製品によって吸水率が違ったり、生地に含まれる水分量で焼き上がりの食感が変わります。そのためレシピの水分量は目安とし、必ず生地の状態を確認して調整してください。

4

乾燥を防ぐ

米粉の特徴として、乾燥に弱く、パサつきが早いのも覚えておきたいポイントです。同じ米でできているおにぎりは、ラップをかけずに置いておくとパサつきますし、冷蔵庫に入れるとかたくなりますね。米粉パウンドケーキも同じこと。焼き上がったらふきんをかけて粗熱をとったり、ほんのり温かいうちにラップにくるんで水分を閉じ込めるなど（P9参照）、乾燥を防いで保存することが大事です。

基本は4つの生地

シンプルな材料で作る基本の米粉パウンドケーキです。
プレーン生地ならではの米粉の味わいを楽しんでください。
初心者でも失敗のない、作りやすいものから順にA〜Dと並んでいるので、
まずは順番通りに作ることをおすすめします。

A ふんわり、しっとり パウンドケーキ

熟す前のバナナをペーストにしてつなぎに使っているため、生地が多少ゆるめだったり、かためだったりしても、おいしく焼き上がります。初心者でも一番失敗しにくいのがこのタイプ。保水力抜群のバナナのおかげで生地のしっとり感が常温で2〜3日続きます。

B 簡単リッチ パウンドケーキ

全レシピの基本となるベーシックタイプ。材料を混ぜるだけで作れる、とにかく簡単な米粉のパウンドケーキです。アーモンドプードルが入っているのでコクもあります。バナナなどのつなぎがない分、保水力に欠けるため、パサつきやすいので注意してください。

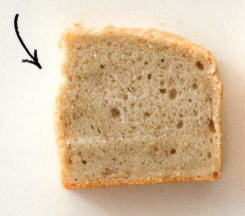

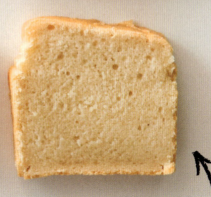

C しっとりリッチ パウンドケーキ

Bタイプを進化させた新しいタイプのパウンドケーキ。日持ちが長くなるように、米粉と熱湯で作る"米ペースト"を入れるのがポイント。アーモンドプードルのリッチな味わいときめ細やかな生地が特徴で、しっとりした食感は常温で2〜3日続きます。

D シンプルシルキー パウンドケーキ

しっとり、きめ細やかなシルクの食感は、Cタイプと同様に、"米ペースト"のおかげです。さらにアーモンドプードルを加えなくてもおいしく食べられるようにアレンジしました。しっとりした食感と柔らかさが常温で2〜3日続きます。

型は1つでOK

使う型は一般的な18cmサイズのパウンドケーキ型1つだけ。
同じ型でパウンドケーキもケーク・サレも作れます。
生地によってふっくらと膨らむもの、
ぎゅっと密度の高いものなど焼き上がりの表情が異なるのでいろいろ試してみてください。

型にはオーブンシートを敷いて

型から紙がはみ出し過ぎていると、熱風がさえぎられ上面の焼き色がなかなかつかないことがあります。
また、紙の重なりが多いと、側面の焼き色にムラができることも。
そこで型の高さにぴったりで、よけいな重なりもなく敷ける、簡単な方法を紹介します。

1 パウンド型の高さに合わせてオーブンシートをカットする。

2 両脇の高さもきちんと合わせ、シートの余分な部分を切り落とす。

3 型に合わせ、角の部分に三角形に切り込みを入れる。

4 他の角も同様に切り込みを入れる。

5 型にオーブンシートを入れ、台形部分を内側に倒し、外側にある両脇の三角形を合わせる。オーブンシートが重なっている部分に植物油を少量つけて、のり代わりにし、シートを固定する。

6 オーブンシートを敷いたところ。

最後までおいしく食べる方法

米粉のパウンドケーキは、パサつきを防ぐために、潤いを閉じ込めて保存するのも大切なポイント。
焼き上がりから保存まで、ちょっとの工夫でおいしさがぐんと長持ちします。

粗熱のとり方

焼き上がったらすぐに型から外して、ケーキクーラーにのせ、オーブンシートもはがす。
＊熱いので軍手を2重にしてつけ、火傷に注意してください。

上から全体を覆うように乾いたふきんをかけて、粗熱をとる。人肌よりも温かいくらいまで冷めたら、ラップかホイルでぴっちり包み、ビニール袋に入れて密封する。

日持ちについて

パウンドケーキ 基本的に常温での日持ちは翌日中

- 冬場はしっとり感が長続きするタイプなら2〜3日常温でもOKですが、夏場は傷みやすいのでどのタイプも翌日中には食べきって下さい。ただし、水分の多いルバーブやベリー類が入ったものは季節を問わず傷みやすいので、必ず翌日中に食べきってください。
- 翌日中に食べきれない場合は、できるだけ早めに冷凍保存してください。冷凍保存の場合、約1か月間は保存できます。

ケーク・サレ 常温での日持ちは当日中

- 傷みやすいので食べきれない分はラップにくるんで冷蔵庫で保存し、冷たいまま、またはトースターで焼いて翌日中に食べきってください。じゃがいものような冷凍すると食感が変わってしまう具が入っていなければ、冷凍保存もOKです。冷凍保存の場合、約1か月間は保存できます。
- 焼いた当日でも、常温に置くときは暑いところは避け、涼しいところで保管してください。

保存法と食べ方

1 すぐに食べない場合はカットして1切れずつラップにくるむ。短時間で冷凍できるようにステンレストレーにのせて冷凍庫へ。

2 凍ったらジッパーつきの保存袋に入れ、庫内のにおい移りを防ぐ。冷凍で約1か月保存可能。

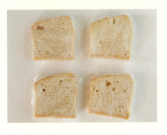
3 食べるときは、常温で自然解凍する。複数解凍するときは間をあけて、できるだけ短時間で解凍されるように置く。

4 自然解凍後、パサつきが気になったり、温めて食べたい場合は、オーブントースターで軽く焼く。アルミホイルで上下をおおえば、焦げずに中心までしっかり熱が入り、ふんわり仕上がる。

chapter

1

基本の
パウンドケーキ

まずは米粉の生地で作る4種類の基本のパウンドケーキを紹介します。

バナナをつなぎに使ったタイプや、

つなぎを用いず、粉だけで簡単に作れるタイプ。

そして熱湯と米粉で作る米ペーストで、パサつきがなく仕上がる

タイプなど、しっとりときめの細かい生地で、

パサつきを抑えて食感が長持ちするように、

さまざまな工夫と試食をくり返して生まれた基本のレシピです。

米粉ならではのおいしさを実感してください。

基本のタイプ

ふんわり、しっとり
パウンドケーキ

卵の代わりに、熟す前のバナナを
ペーストにしてつなぎに使った、ふんわりと、きめの細かいケーキ。
バナナの風味が主張しすぎないので、
アレンジしやすく、米粉のパウンドケーキで、
一番失敗しにくいタイプです。

point
- 生地が多少ゆるめだったり、かためだったりしても、おいしく焼き上がる。
- 保水力抜群のバナナのおかげで生地のしっとり感が常温で2〜3日続く。

材料 18×8.7×6cmのパウンド型1台分

a
- 米粉…160g
- タピオカ粉（コーンスターチまたは、片栗粉で代用可）…20g
- ベーキングパウダー…5g（小さじ1）
- 重曹…2g（小さじ1/4）

b
- きび砂糖…35g
- 塩…1.5g（ふたつまみ）
- 植物油…50g
- バニラエキストラクト（バニラオイル少々で代用可）…3g（小さじ1/2強）
- 無調整豆乳…80g〜（バナナや生地のかたさに合わせて調整）

バナナ…70g（あまり熟れていないかためのもの）
レモン汁…20g

下準備
- 型にオーブンシートを敷く（P8参照）。
- オーブンに天板をセットし、**180℃**に予熱する。

作り方

1
aの材料を混ぜる

ボウルにaの材料を入れ、泡立て器でよく混ぜる。

2
バナナをペースト状にする

バナナを別のボウルに適当な大きさにちぎって入れる。レモン汁を加える。
＊渋みの原因になるので筋はていねいに取り除いてください。

フォークの背を使い、しっかりとつぶす。
＊ミキサーなど機械でペースト状にすると生地にボリュームが出にくくなるので注意。

全体的にすりおろした山芋のようなペースト状になったらOK。
＊多少つぶしきれない小さな塊が残っていても大丈夫です。

3
bの材料を加えて混ぜる

バナナペーストにbの材料をすべて加える。

泡立て器でしっかりと混ぜる。

少しもったりするまできちんと乳化させる。

バナナの選び方
実がかたく、皮に緑色が残るものを選んで。熟れた柔らかいバナナを使うと生地に粘りが出ず、ケーキにボリュームが出ないので注意。

point
粉と液体を合わせてオーブンに入れるまでの作業は、時間がかかると、発泡力が落ちて膨らみが悪くなるので、一気に行ないましょう。

4
1を加えて手早く混ぜる

1を一度に加えてゴムべらで手早く混ぜる。

ダマがなくなり、なめらかになったら生地の状態を確認し、かたい場合は少しずつ豆乳を足して調整する。

すくった生地がリボン状に落ちて薄く跡が残るくらい、生クリームの7分立てくらいのかたさが目安。

5
型に流して焼く

型に生地を流して、180℃に予熱したオーブンに入れ、160℃に設定して40分焼く。焼き上がったら粗熱をとる（P9参照）。

Aタイプのアレンジ

もりもりメープルナッツケーキ

生地にもトッピングにも、ナッツをたっぷり入れた、ナッツ感がもりもり味わえるケーキ。
ローストナッツの香ばしさと、メープルシロップで
キャラメリゼしたほろ苦さが、しっとり生地と、よく合います。

材料 18×8.7×6cmのパウンド型1台分

a
- 米粉…160g
- タピオカ粉（コーンスターチまたは、片栗粉で代用可）…20g
- ベーキングパウダー…5g（小さじ1）
- 重曹…2g（小さじ¼）
- きび砂糖…35g
- 塩…1.5g（ふたつまみ）

b
- 植物油…50g
- バニラエキストラクト（バニラオイル少々で代用可）…3g（小さじ½強）
- 無調整豆乳…80g〜（バナナや生地のかたさに合わせて調整）

バナナ…70g（あまり熟れていないかためのもの）
レモン汁…20g
ナッツ 2〜3種類
（アーモンド、くるみ、カシューナッツなど好みのもの）…80g
メープルシロップ…40g
塩…少々

下準備

- ナッツは粗く刻んで160℃のオーブンで10〜12分焼いて粗熱をとる（写真右）。半量は生地用、半量はメープルナッツ用に分けておく。
- 型にオーブンシートを敷く（P8参照）。
- オーブンに天板をセットし、180℃に予熱する。

作り方

1. メープルナッツを作る（下記参照）。
2. ボウルに a の材料を入れ、泡立て器でよく混ぜる。
3. 別のボウルにバナナを適当な大きさにちぎって入れ、レモン汁を加える。フォークの背を使い、しっかりとつぶしてペースト状にする。
4. 3に b の材料をすべて加え、泡立て器でしっかりと混ぜ、少しもったりするまできちんと乳化させる。
5. 2を一度に加えてゴムべらで手早く混ぜる。ダマがなくなり、なめらかになったら生地の状態を確認し、かたい場合は少しずつ豆乳を足して調整する（P13参照）。すくった生地がリボン状に落ちて薄く跡が残るくらい、生クリームの7分立てくらいのかたさが目安。
6. 生地用のローストナッツを加え、ゴムべらで手早く混ぜる。
7. 型に生地を流して、メープルナッツをトッピングする。180℃に予熱したオーブンに入れ、160℃に設定して40分焼く。焼き上がったら粗熱をとる（P9参照）。

メープルナッツの作り方

フライパンにメープルシロップと塩を入れ、中弱火で加熱する。木べらで混ぜながら泡立ってとろみがついたらオーブンで焼いたナッツを加えてからませ、火を止める。

クッキングシートを敷いたバットの上に広げて冷ます。

冷めたらシートの上からナッツをつかみ、適当な大きさに手でほぐす。

メープルシロップ

サトウカエデの樹液を煮詰めたやさしい香りと甘さが特徴のシロップ。別のものが混じっていない「100%」「PURE」と表示のあるものを選んで。

たっぷり
バナナケーキ

バナナをまるごと1本トッピングに使った、
ダイナミックなケーキ。
生地に使うバナナも基本の生地の
約倍量入れているので、
バナナの風味をしっかりと感じられます。

ごろごろ
チョコレートケーキ

ラフに刻んだチョコレートがごろごろ入った生地に、
溶かしたチョコレートをたっぷりとかけた、
チョコレートづくしのパウンドケーキです。

Aタイプのアレンジ

たっぷりバナナケーキ

材料 18×8.7×6cmのパウンド型1台分

- a
  - 米粉…130g
  - タピオカ粉(コーンスターチまたは、片栗粉で代用可)…20g
  - ベーキングパウダー…5g(小さじ1)
  - 重曹…2g(小さじ¼)
- b
  - きび砂糖…30g
  - 塩…1.5g(ふたつまみ)
  - 植物油…40g
  - 無調整豆乳…60g〜(バナナや生地のかたさに合わせて調整)
- バナナ(生地用)…150g(あまり熟れていないかためのもの)
- レモン汁(生地用)…20g
- バナナ(トッピング用)…1本
- レモン汁(トッピング用)…小さじ1

下準備

- 型にオーブンシートを敷く(P8参照)。
- オーブンに天板をセットし、200℃に予熱する。

作り方

1. トッピング用のバナナを縦半分に切り、変色を防止するために断面に刷毛でレモン汁を塗る。
2. 「ふんわり、しっとりパウンドケーキ」の1〜4と同様に生地を作る(P13参照)。
3. 型に生地を流して、1のバナナの断面を上にしてのせ、浮かないように手で軽く押さえる。200℃に予熱したオーブンに入れ、160℃に設定して40分焼く。焼き上がったら粗熱をとる(P9参照)。

ごろごろチョコレートケーキ

材料 18×8.7×6cmのパウンド型1台分

- a
  - 米粉…160g
  - タピオカ粉(コーンスターチまたは、片栗粉で代用可)…20g
  - ベーキングパウダー…5g(小さじ1)
  - 重曹…2g(小さじ¼)
- b
  - きび砂糖…35g
  - 塩…1.5g(ふたつまみ)
  - 植物油…50g
  - バニラエキストラクト(バニラオイル少々で代用可)…3g(小さじ½強)
  - 無調整豆乳…80g〜(バナナや生地のかたさに合わせて調整)
- バナナ…70g(あまり熟れていないかためのもの)
- レモン汁…20g
- チョコレート(生地用)…50g
- チョコレート(トッピング用)…50g

下準備

- 生地用のチョコレートは1cm角くらいの大きさにランダムに刻み、トッピング用は細かく刻む。
- 型にオーブンシートを敷く(P8参照)。
- オーブンに天板をセットし、180℃に予熱する。

作り方

1. 「ふんわり、しっとりパウンドケーキ」の1〜4と同様に生地を作る(P13参照)。
2. 生地用のチョコレートを加え、ゴムべらで手早く混ぜる。
3. 型に生地を流して、180℃に予熱したオーブンに入れ、160℃に設定して40分焼く。焼き上がったら粗熱をとる(P9参照)。
4. ケーキが完全に冷めたら、トッピング用のチョコレートを湯せんにかけて溶かし、スプーンで上から全体にかける。

オーガニックのベジ板チョコ

乳化剤を使わず、有機カカオマス、有機砂糖、有機ココアバターのみで作られたピープルツリーのフェアトレードチョコレートのオーガニック・ビター(※乳成分を含む商品と共通の設備で製造)。通販や店舗で購入可能。

基本のタイプ

B 簡単リッチ
パウンドケーキ

今回紹介する全レシピの基本となるベーシックタイプ。
材料を混ぜるだけで作れる、とにかく簡単な米粉のパウンドケーキです。
バナナなどのつなぎがない分、
パサつきやすいので注意してください。

point
- アーモンドプードルを入れて リッチな味わいに。
- 保水力に欠けるため、パサつきやすい。

材料 18×8.7×6cmのパウンド型1台分

a
- 米粉…100g
- 上新粉…40g
- アーモンドプードル…50g
- タピオカ粉(コーンスターチまたは、片栗粉で代用可)…30g
- ベーキングパウダー…5g (小さじ1)
- 重曹…2g (小さじ1/4)

b
- きび砂糖…45g
- 塩…1.5g (ふたつまみ)
- 植物油…50g
- レモン汁…20g
- バニラエキストラクト (バニラオイル少々で代用可)…3g (小さじ1/2強)
- 無調整豆乳…120g〜 (生地のかたさに合わせて調整)

下準備

- 型にオーブンシートを敷く(P8参照)。
- オーブンに天板をセットし、**200℃**に予熱する。

作り方

1
aの材料を混ぜる

ボウルにaの材料を入れ、泡立て器でよく混ぜる。

2
bの材料を混ぜる

別のボウルにbの材料を入れる。

泡立て器でしっかりと混ぜ、泡立つくらいまできちんと乳化させる。

point

粉と液体を合わせてオーブンに入れるまでの作業は、時間がかかると、発泡力が落ちて膨らみが悪くなるので、一気に行ないましょう。

3
1を加えて手早く混ぜる

1を一度に加える。

ゴムべらで手早く混ぜる。ダマがなくなりなめらかになったら生地の状態を確認し、かたい場合は少しずつ豆乳を足して調整する(P13参照)。

すくった生地がリボン状に落ちてじんわり消えるくらいのかたさが目安。

4
余分な気泡を抜く
（プレーンのみ）

混ぜ終わったら30秒置いて、ゆっくり大きくゴムべらを2〜3周動かし、余分な気泡を抜く。

＊具材が入るレシピではこの作業は不要です。

5
型に流して焼く

型に生地を流して、**200℃**に予熱したオーブンに入れ、**180℃**に設定して15分焼き、**160℃**に下げて25分焼く。焼き上がったら粗熱をとる(P9参照)。

Bタイプのアレンジ

ダークチェリークランブルケーキ

ダークチェリーから水分が出ないようにシロップをしっかりきるのがポイント。
サクサクのクランブルがたっぷりのった食べごたえのあるケーキです。

材料 18×8.7×6cmのパウンド型1台分

a
- 米粉…100g
- 上新粉…40g
- アーモンドプードル…50g
- タピオカ粉（コーンスターチまたは、片栗粉で代用可）…30g
- ベーキングパウダー…5g（小さじ1）
- 重曹…2g（小さじ1/4）
- きび砂糖…45g
- 塩…1.5g（ふたつまみ）

b
- 植物油…50g
- レモン汁…20g
- バニラエキストラクト（バニラオイル少々で代用可）…3g（小さじ1/2強）
- 無調整豆乳…120g〜（生地のかたさに合わせて調整）

- ダークチェリー（缶詰・生地用）…80g
- ダークチェリー（缶詰・トッピング用）…30g
- クランブル（下記参照）…全量

クランブル

材料

a
- 米粉…15g
- アーモンドプードル…12g
- 片栗粉…5g
- きび砂糖…10g
- 塩…少々

- 植物油…8g
- 無調整豆乳…7g

作り方

1. ボウルにaの材料を入れ泡立て器でよく混ぜる。植物油を加えてスプーンで軽く混ぜ、指でよくもみ込む。
2. 豆乳を少しずつ加え、スケッパーで切るように混ぜる。
3. 粉っぽさがなくなってぽろぽろの状態になったらOK。

＊生地がゆるいときは米粉を、粉っぽいときは豆乳を足して調整してください。

下準備

- 型にオーブンシートを敷く（P8参照）。
- オーブンに天板をセットし、**200℃**に予熱する。

作り方

1. ダークチェリーを1/4の大きさに切り、キッチンペーパーではさみ、上から軽く押さえて水気を拭く（写真右）。
2. 生地用のダークチェリーと米粉小さじ2（分量外）をビニール袋に入れ、ふり混ぜる（写真左下）。全体に粉がついたら、トレーに広げておく（写真右下）。

3. ボウルにaの材料を入れ、泡立て器でよく混ぜる。
4. 別のボウルにbの材料を入れ、泡立て器でしっかりと混ぜ、泡立つくらいまできちんと乳化させる。
5. 3を一度に加え、ゴムべらで手早く混ぜる。ダマがなくなりなめらかになったら生地の状態を確認し、かたい場合は少しずつ豆乳を足して調整する（P13参照）。すくった生地がリボン状に落ちてじんわり消えるくらいのかたさが目安。
6. 型に1/3量の生地を流して、2のダークチェリーを1/2量並べる。上から1/3量の生地を流す（写真右）。同様にダークチェリーを並べて残りの生地をかける。最後にトッピング用のダークチェリーを並べ、クランブルを散らす。

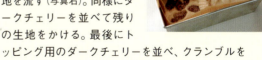

7. **200℃**に予熱したオーブンに入れ、**180℃**に設定して15分焼き、**160℃**に下げて25分焼く。焼き上がったら粗熱をとる（P9参照）。

ココア&チョコチップケーキ

生地にココアを入れるとぐっと膨らみが増して、ボリューム感のある焼き上がりになります。
今回は存在感のある大粒のチョコチップを使いましたが、
もちろん小粒のものでもOKです。好みのものを選んでください。

材料 18×8.7×6cmのパウンド型1台分

a
- 米粉…100g
- 上新粉…40g
- アーモンドプードル…50g
- タピオカ粉（コーンスターチまたは、片栗粉で代用可）…30g
- ココアパウダー（砂糖不使用／塊がある場合は茶こしでふるう）…30g
- ベーキングパウダー…5g（小さじ1）
- 重曹…2g（小さじ1/4）
- きび砂糖…50g
- 塩…1.5g（ふたつまみ）

b
- 植物油…50g
- レモン汁…20g
- バニラエキストラクト（バニラオイル少々で代用可）…3g（小さじ1/2強）
- 無調整豆乳…150g〜（生地のかたさに合わせて調整）

チョコチップ（生地用）…60g
チョコチップ（トッピング用）…15g

下準備
- 型にオーブンシートを敷く（P8参照）。
- オーブンに天板をセットし、200℃に予熱する。

作り方

1 「簡単リッチパウンドケーキ」の1〜3と同様に生地を作る（P19参照）。

2 生地用のチョコチップを加え、ゴムべらで手早く混ぜる。

3 型に生地を流して、トッピング用のチョコチップを散らす。上から指でチョコチップを軽く押して生地になじませる。200℃に予熱したオーブンに入れ、180℃に設定して15分焼き、160℃に下げて25分焼く。焼き上がったら粗熱をとる（P9参照）。

＊ 中央が割れた仕上がりにしたい場合は、焼き始めてから5〜6分たった頃にナイフで表面に切り込みを入れてください。

Bタイプのアレンジ

ジューシーレモンケーキ

ポピーシードのプチプチした食感はクセになるおいしさ。焼き上がったケーキにたっぷりしみ込ませたレモンシロップがほどよい酸味でジューシー！さわやかな味わいです。

材料 18×8.7×6cmのパウンド型1台分

a
- 米粉…100g
- 上新粉…40g
- アーモンドプードル…50g
- タピオカ粉（コーンスターチまたは、片栗粉で代用可）…30g
- ベーキングパウダー…5g（小さじ1）
- 重曹…2g（小さじ¼）
- ポピーシード…3g（小さじ1）
- きび砂糖…40g
- 塩…1.5g（ふたつまみ）
- 植物油…50g

b
- レモン汁…20g
- レモンの皮（すりおろし）…1個分 ＊白い部分は苦みが出るので、表皮の黄色部分のみ薄く削る。
- 無調整豆乳…120g〜（生地のかたさに合わせて調整）

レモンシロップ
- レモン汁…25g
- はちみつ…25g

下準備
- 型にオーブンシートを敷く（P8参照）。
- オーブンに天板をセットし、**200℃**に予熱する。
- レモンシロップの材料を器に入れ、スプーンなどでよく混ぜておく。

作り方

1 「簡単リッチパウンドケーキ」の**1〜5**と同様に生地を作って焼く（P19参照）。

＊レモンシロップをしみ込ませるために、焼き始めてから5〜6分たった頃にナイフで表面に切り込みを入れてください。

2 焼き上がったらすぐに型から取り出し、オーブンシートの側面のみはがす。ケーキが熱いうちに側面と上面にレモンシロップ全量を刷毛で塗ってしみ込ませ、そのまま置く。ほんのり温かいくらいに冷めたらオーブンシートをはがしてラップでくるむ。

＊ケーキが冷めるとシロップがしみ込まないので熱いうちにシロップを塗ります。

基本のタイプ

C しっとりリッチ
パウンドケーキ

Bタイプの「簡単リッチパウンドケーキ」(P18)を進化させた新しいタイプのパウンドケーキ。従来のタイプよりも日持ちが長くなるように、米粉と熱湯で作る"米ペースト"を入れるのがポイント。きめ細やかな生地になり、しっとりした食感も常温で2〜3日続きます。

point
- 米ペーストが乳化剤の役割を果たし、なめらかな生地になる。
- 米ペーストが生地の保水力を高め、柔らかさが常温で2〜3日続く。
- アーモンドプードルを入れてリッチな味わいに。

材料 18×8.7×6cmのパウンド型1台分

a
- 米粉…140g
- アーモンドプードル…40g
- 片栗粉…30g
- ベーキングパウダー…5g(小さじ1)
- 重曹…2g(小さじ1/4)

米ペースト
- 米粉…10g
- きび砂糖…10g
- 熱湯…40g

b
- きび砂糖…40g
- 塩…1.5g(ふたつまみ)
- 植物油…40g
- レモン汁…20g
- バニラエキストラクト(バニラオイル少々で代用可)…3g(小さじ1/2強)
- 無調整豆乳…120g〜(生地のかたさに合わせて調整)

下準備
- 型にオーブンシートを敷く(P8参照)。
- オーブンに天板をセットし、**200℃**に予熱する。

作り方

1
aの材料を混ぜる

ボウルにaの材料を入れ、泡立て器でよく混ぜる。

2
米ペーストを作る

別のボウルに熱湯(分量外)を注ぎ、ボウルを軽く回して温め、湯を捨てる。ふきんで水分を拭き取る。

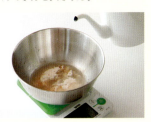

ボウルに米ペーストの米粉ときび砂糖を入れ、はかりにのせる。熱湯の分量をはかりで確認しながら、沸きたての熱湯を注ぐ。

泡立て器で手早く混ぜ、なめらかなのり状のペーストを作る。
＊道具が冷たかったり、熱湯の温度が低いと十分な糊化ができないため、やかんや鍋で沸かした熱湯を直接注いで加えてください。

3
bの材料を混ぜる

2のボウルにbの材料を入れ、泡立て器でしっかりと混ぜる。

泡立つくらいまできちんと乳化させる。

4
1を加えて手早く混ぜる

1を一度に加え、ゴムべらで手早く混ぜる。ダマがなくなりなめらかになったら生地の状態を確認し、かたい場合は少しずつ豆乳を足して調整する(P13参照)。

すくった生地がリボン状に落ちて薄く跡が残るくらい、生クリームの7分立てくらいのかたさが目安。

5
余分な気泡を抜く
(プレーンのみ)

混ぜ終わったら30秒置いて、ゆっくり大きくゴムべらを2〜3周動かし、余分な気泡を抜く。
＊具材が入るレシピではこの作業は不要です。

6
型に流して焼く

型に生地を流して、**200℃に予熱した**オーブンに入れ、**160℃に設定して40分焼く**。焼き上がったら粗熱をとる(P9参照)。

point

粉と液体を合わせてオーブンに入れるまでの作業は、時間がかかると、発泡力が落ちて膨らみが悪くなるので、一気に行ないましょう。

Cタイプのアレンジ

クランベリーとピーカンナッツケーキ

クランベリーのほどよい酸味とピーカンナッツの食感がアクセントに。
生地の水分を吸って、ケーキがパサつかないように、
ドライフルーツは熱湯で少しふやかしてから加えます。

材料　18×8.7×6cmのパウンド型1台分

a
- 米粉…140g
- アーモンドプードル…40g
- 片栗粉…30g
- ベーキングパウダー…5g（小さじ1）
- 重曹…2g（小さじ1/4）

米ペースト
- 米粉…10g
- きび砂糖…10g
- 熱湯…40g

b
- きび砂糖…40g
- 塩…1.5g（ふたつまみ）
- 植物油…40g
- レモン汁…20g
- バニラエキストラクト（バニラオイル少々で代用可）…3g（小さじ1/2強）
- 無調整豆乳…120g〜（生地のかたさに合わせて調整）

- ドライクランベリー…80g
- ピーカンナッツ…40g

下準備

- ボウルにドライクランベリーと熱湯（分量外）を入れ（写真上）、2分浸してザルにあげる。キッチンペーパーを敷いたトレーに広げて水気をきる（写真下）。
- ピーカンナッツは粗く刻んで**160℃**のオーブンで10〜12分焼いて粗熱をとる（P15参照）。
- 型にオーブンシートを敷く（P8参照）。
- オーブンに天板をセットし、**200℃**に予熱する。

作り方

1. ボウルに**a**の材料を入れ、泡立て器でよく混ぜる。
2. 別のボウルに熱湯（分量外）を注ぎ、ボウルを軽く回して温め、湯を捨てる。ふきんで水分を拭き取る。米ペーストの米粉ときび砂糖を入れ、はかりにのせる。熱湯の分量をはかりで確認しながら、沸きたての熱湯を注ぐ。泡立て器で手早く混ぜ、なめらかなのり状のペーストを作る。

* 道具が冷たかったり、熱湯の温度が低いと十分な糊化ができないため、やかんや鍋で沸かした熱湯を直接注いで加えてください。

3. 2のボウルに**b**の材料を入れ、泡立て器でしっかりと混ぜる。泡立つくらいまできちんと乳化させる。
4. 1を一度に加え、ゴムべらで手早く混ぜる。ダマがなくなりなめらかになったら生地の状態を確認し、かたい場合は少しずつ豆乳を足して調整する（P13参照）。すくった生地がリボン状に落ちて薄く跡が残るくらい、生クリームの7分立てくらいのかたさが目安。
5. ドライクランベリーとピーカンナッツを加え、ゴムべらで手早く混ぜる。
6. 型に生地を流して、**200℃**に予熱したオーブンに入れ、**160℃**に設定して40分焼く。焼き上がったら粗熱をとる（P9参照）。

* 中央が割れた仕上がりにしたい場合は焼き始めてから5〜6分たった頃にナイフで表面に切り込みを入れてください。

ラムレーズンケーキ

芳醇なラム酒の香りが口中に広がる
大人向きのケーキ。
具材がシンプルだからこそ、
生地のしっとりした食感が際立ちます。

抹茶大納言ケーキ

定番の和素材の組み合わせは、
米粉との相性も抜群。
ふっくらとした大納言小豆の甘煮が
しっとりした生地によく合います。

Cタイプのアレンジ

ラムレーズンケーキ

材料　18×8.7×6cmのパウンド型1台分

a
- 米粉…140g
- アーモンドプードル…40g
- 片栗粉…30g
- ベーキングパウダー…5g（小さじ1）
- 重曹…2g（小さじ1/4）

米ペースト
- 米粉…10g
- きび砂糖…10g
- 熱湯…40g

b
- きび砂糖…30g
- 塩…1.5g（ふたつまみ）
- 植物油…40g
- レモン汁…20g
- レーズンをつけたラム酒…20g
- 無調整豆乳…100g〜（生地のかたさに合わせて調整）

ラムレーズン
- レーズン…70g
- ラム酒…70g

下準備
- ラムレーズンの材料をふたつき容器に入れ、一晩以上冷蔵庫で漬け込む。
- 型にオーブンシートを敷く（P8参照）。
- オーブンに天板をセットし、**200℃**に予熱する。

作り方

1 ボウルとザルを重ねた上にラムレーズンをあける。キッチンペーパーを敷いたトレーの上にラムレーズンを広げて水気をきる。ボウルに残ったラム酒を20gとっておき、**b**の材料と一緒に加える。

2 「しっとりリッチパウンドケーキ」の1〜4と同様に生地を作る（P25参照）。

3 1のラムレーズンを全量加え、ゴムべらで手早く混ぜる。

4 型に生地を流して、**200℃**に予熱したオーブンに入れ、**160℃**に設定して40分焼く。焼き上がったら粗熱をとる（P9参照）。6時間以上常温に置くと味がなじんでさらにおいしくなる。

抹茶大納言ケーキ

材料　18×8.7×6cmのパウンド型1台分

a
- 米粉…140g
- アーモンドプードル…40g
- 片栗粉…30g
- ベーキングパウダー…5g（小さじ1）
- 重曹…2g（小さじ1/4）
- 抹茶…5g

米ペースト
- 米粉…10g
- きび砂糖…10g
- 熱湯…40g

b
- きび砂糖…30g
- 塩…1.5g（ふたつまみ）
- 植物油…40g
- レモン汁…20g
- バニラエキストラクト（バニラオイル少々で代用可）…3g（小さじ1/2強）
- 無調整豆乳…120g〜（生地のかたさに合わせて調整）

鹿の子大納言…100g

下準備
- 型にオーブンシートを敷く（P8参照）。
- オーブンに天板をセットし、**200℃**に予熱する。

作り方

1 「しっとりリッチパウンドケーキ」の1〜4と同様に生地を作る（P25参照）。

2 鹿の子大納言を加え、ゴムべらで手早く混ぜる。

3 型に生地を流して、**200℃**に予熱したオーブンに入れ、**180℃**に設定して15分焼き、**160℃**に下げて25分焼く。焼き上がったら粗熱をとる（P9参照）。

＊中央が割れた仕上がりにしたい場合は、焼き始めてから5〜6分たった頃にナイフで表面に切り込みを入れてください。

基本のタイプ D シンプルシルキー
パウンドケーキ

しっとり、きめ細やかなシルクの食感は、
Cタイプの「しっとりリッチパウンドケーキ」(P24)と同様、
"米ペースト"のおかげ。さらにアーモンドプードルを使わなくても
おいしく食べられるようにアレンジしました。

point
- ナッツアレルギーでもおいしく食べられる。
- 米ペーストが乳化剤の役割を果たし、なめらかな生地になる。
- 米ペーストが生地の保水力を高め、柔らかさが常温で2〜3日続く。

材料　18×8.7×6cmのパウンド型1台分

a
- 米粉…160g
- 片栗粉…30g
- ベーキングパウダー…5g (小さじ1)
- 重曹…2g (小さじ1/4)

米ペースト
- 米粉…10g
- きび砂糖…10g
- 熱湯…40g

b
- きび砂糖…40g
- 塩…1.5g (ふたつまみ)
- 植物油…50g
- レモン汁…20g
- バニラエキストラクト（バニラオイル少々で代用可）…3g (小さじ1/2強)
- 無調整豆乳…120g〜（生地のかたさに合わせて調整）

下準備
- 型にオーブンシートを敷く (P8参照)。
- オーブンに天板をセットし、**200℃**に予熱する。

作り方

1
aの材料を混ぜる

ボウルにaの材料を入れ、泡立て器でよく混ぜる。

2
米ペーストを作る

別のボウルに熱湯(分量外)を注ぎ、ボウルを軽く回して温め、湯を捨てる。ふきんで水分を拭き取る。

ボウルに米ペーストの米粉ときび砂糖を入れ、はかりにのせる。熱湯の分量をはかりで確認しながら、沸きたての熱湯を注ぐ。

泡立て器で手早く混ぜ、なめらかなのり状のペーストを作る。

＊道具が冷たかったり、熱湯の温度が低いと十分な糊化ができないため、やかんや鍋で沸かした熱湯を直接注いで加えてください。

3
bの材料を混ぜる

2のボウルにbの材料を入れ、泡立て器でしっかりと混ぜる。

泡立つくらいまできちんと乳化させる。

4
1を加えて手早く混ぜる

1を一度に加え、ゴムべらで手早く混ぜる。ダマがなくなりなめらかになったら生地の状態を確認し、かたい場合は少しずつ豆乳を足して調整する(P13参照)。

すくった生地がリボン状に落ちて薄く跡が残るくらい、生クリームの7分立てくらいのかたさが目安。

5
余分な気泡を抜く
(プレーンのみ)

混ぜ終わったら30秒置いて、ゆっくり大きくゴムべらを2〜3周動かし、余分な気泡を抜く。

＊具材が入るレシピではこの作業は不要です。

6
型に流して焼く

型に生地を流して、**200℃**に予熱したオーブンに入れ、**160℃**に設定して40分焼く。焼き上がったら粗熱をとる(P9参照)。

point

粉と液体を合わせてオーブンに入れるまでの作業は、時間がかかると、発泡力が落ちて膨らみが悪くなるので、一気に行ないましょう。

ミックスベリーの
ネイキッドケーキ

乳製品不使用のココナッツホイップ
クリームを、スポンジが見えるように
ラフにのせたネイキッドケーキ。
ココナッツの甘さが上品なクリームは、
たっぷりのせて食べるのがおすすめです。

Dタイプのアレンジ

ミックスベリーのネイキッドケーキ

材料　18×8.7×6cmのパウンド型1台分
シンプルシルキーパウンドケーキ（P30参照）…1台
ココナッツホイップクリーム（下記参照）…適量
ベリー類
（いちご、ラズベリー、ブルーベリーなど好みのベリー類）…適量
ダークチェリー…適量
ハーブ（タイムやミントの葉など好みのハーブ）…適量

作り方
1. しっかり冷ましたケーキの上下を切り落とし、さらに半分にスライスする。
2. 下半分のケーキの上にココナッツホイップクリームをのせ、ベリー類とチェリーを散らす。上半分のケーキを重ね、ココナッツホイップクリームをのせてベリー類とチェリー、ハーブを飾る。

ココナッツホイップクリーム

材料　作りやすい分量
ココナッツクリーム（缶詰）…1缶
無調整豆乳
（アーモンドミルクまたはライスミルクで代用可）…200g
きび砂糖…50g
粉寒天…6g
バニラエキストラクト
（バニラオイル少々で代用可）…5g（小さじ1）
塩…ひとつまみ
＊クリームを白く仕上げたいときは、洗双糖やグラニュー糖など色の薄い砂糖を使ってください。

下準備
- ココナッツクリームは一晩以上冷蔵庫で冷やし、固形と水分に分離させておく。
- きび砂糖と粉寒天を混ぜておく。

作り方
1. 小鍋に豆乳を入れ、きび砂糖と粉寒天をふり入れて泡立て器でよく混ぜる。
2. 1を中弱火にかけ、木べらで混ぜながら熱して、沸騰したら弱火にする。そのまま2分間混ぜて寒天を煮溶かす。
3. 耐熱容器に2を注ぎ、粗熱がとれたらラップかふたをして冷蔵庫で冷やしかためる。
4. ミキサーにサイコロ状にカットした3を入れる（写真A）。
5. 冷やしたココナッツクリームの固形部分200gをスプーンですくい取り（写真B）、小鍋に入れて中火にかけ、木べらで混ぜる。クリームが溶けて鍋のふちがふつふつと沸騰したら火を止める。
6. 4にバニラエキストラクト、塩、5を加え（写真C）、ミキサーにかけ、なめらかになったら（写真D）容器に移し、ラップかふたをして冷蔵庫でよく冷やす。クリームがぽってりとしたらでき上がり（写真E）。

＊ミキサーにかけて粉砕にムラがあるときは、ときどきミキサーを止めてゴムべらで全体を混ぜ、まんべんなく粉砕してください。

＊室温が低い時期は、寒天が溶け残ってざらついた仕上がりになる場合も。その際はクリームをボウルにあけ、湯せんで少し温めてから、再度ミキサーにかけると粒が消え、なめらかに仕上がります。

A

B

C

D

E

ココアマーブルケーキ

プレーン生地とココア生地を大きく混ぜてマーブル模様にしたおしゃれなケーキ。
そのまま食べても、薄くスライスしたものを焼いてラスクにしてもおいしくいただけます。

材料 18×8.7×6cmのパウンド型1台分

a
- 米粉…160g
- 片栗粉…30g
- ベーキングパウダー…5g(小さじ1)
- 重曹…2g(小さじ1/4)

米ペースト
- 米粉…10g
- きび砂糖…10g
- 熱湯…40g

b
- きび砂糖…40g
- 塩…1.5g(ふたつまみ)
- 植物油…50g
- レモン汁…20g
- バニラエキストラクト
  (バニラオイル少々で代用可)…3g(小さじ1/2強)
- 無調整豆乳…120g〜(生地のかたさに合わせて調整)

ココアペースト
- ココアパウダー
  (砂糖不使用/塊がある場合は茶こしでふるう)…15g
- きび砂糖…10g
- 熱湯…20g

下準備
- 型にオーブンシートを敷く(P8参照)。
- オーブンに天板をセットし、200℃に予熱する。

作り方

1 ココアペーストを作る。小さな器にココアパウダーときび砂糖を入れ、スプーンでよく混ぜる。熱湯を加えてよく混ぜる。

2 「シンプルシルキーパウンドケーキ」の1〜4と同様に生地を作る(P31参照)。

3 別のボウルに2を170g取り分け、1を加えてゴムべらで手早く混ぜる。

4 2のボウルに3を加え、大きくゴムべらを1〜2周動かしてマーブル状に混ぜる。

＊ 混ぜ過ぎるとマーブル模様が消えるので注意してください。

5 型に生地を流して、200℃に予熱したオーブンに入れ、160℃に設定して40分焼く。焼き上がったら粗熱をとる(P9参照)。

Dタイプのアレンジ

かぼちゃといんげんのケーク・サレ

野菜を敷き詰め、生地と交互に重ねた切り口の美しいサレ。
はじめは蒸し焼き、仕上げに焼き目をつけるのがポイントです。

材料　18×8.7×6cmのパウンド型1台分

a
- 米粉…100g
- 片栗粉…10g
- ベーキングパウダー…3g（小さじ½強）
- 重曹…1g（小さじ⅛）

米ペースト
- 米粉…5g
- きび砂糖…5g
- 熱湯…20g

b
- きび砂糖…2g（小さじ½）
- 塩…3g（小さじ½強）
- 植物油…20g
- レモン汁…10g
- 粗びき黒こしょう…少々
- 無調整豆乳…80g〜（生地のかたさに合わせて調整）

かぼちゃ…200gくらい
いんげん…200gくらい

下準備
- かぼちゃは7〜8mm厚さのくし切りにする。
- いんげんはヘタとしっぽを取り、さっと塩ゆでにして水気をきる。
- 型にオーブンシートを敷く（P8参照）。
- オーブンに天板をセットし、180℃に予熱する。

作り方

1　「シンプルシルキーパウンドケーキ」の1〜4と同様に生地を作る（P31参照）。

2　型に¼量の生地を入れ、ゴムべらで平らにならす。かぼちゃをびっしりと並べ、上から¼量の生地を入れて軽くのばし、いんげんをびっしり並べる。同様にもう一度くり返し、いんげんを上から軽く押して中の野菜のすき間に生地を行きわたらせる。

3　アルミホイルをドーム状にかぶせて熱風が入らないようにしっかりと端を折り込む（写真右）。180℃に予熱したオーブンに入れ、160℃に設定して10分焼き、200℃に上げて15分焼く。オーブンから取り出してアルミホイルを外す。再び200℃のオーブンに入れて焼き色がつくまで約15分焼く。焼き上がったら粗熱をとる（P9参照）。

arrange　マフィン

パウンドケーキの生地はマフィン型でも焼くことができます。
生地の量によってぴったり収まらない場合は、
プリンカップを追加して焼けばOK。
プレゼントやおやつに最適です。

パウンドケーキアレンジ1

材料　直径7cm×高さ3cmのマフィン型6個分

ふんわり、しっとりパウンドケーキ(P12参照)…1台分
＊その他お好みのケーキでもOK。

下準備

- 型にマフィン用グラシン紙を敷く。
- オーブンに天板をセットし、**180℃**に予熱する。

作り方

1. 「**ふんわり、しっとりパウンドケーキ**」の**1～4**と同様に生地を作る(P13参照)。
2. マフィン型に、**1**を等分にスプーンで入れる。
3. **180℃**に予熱したオーブンに入れ、**160℃**に設定して35分焼く。焼き上がったら粗熱をとる(P9参照)。

＊日持ちは常温で翌日中。すぐに食べない場合は冷凍保存してください(P9参照)。

arrange ラスク

ケーキが残ってパサつきが気になるときにおすすめなのが、
ラスクにリメイクする方法。密度のある米粉の生地で作るラスクは、
小麦粉のパンなどで作るものとはひと味違う食感が楽しめます。
薄くスライスして焼くとおいしいです。
好みのケーキで作ってみてください。

パウンドケーキアレンジ2

材料

好みのケーキ…適量
簡単リッチパウンドケーキ (P18参照)
抹茶大納言ケーキ (P28参照)
ココアマーブルケーキ (P34参照)

下準備

- 天板の上にオーブンシートとケーキクーラーをのせる。
- オーブンを120℃に予熱する。

作り方

1 好みのケーキを食べやすいように縦半分に切り、5mm
　幅くらいにスライスする。

2 ケーキクーラーの上に重ならないようにのせる。

3 120℃に予熱したオーブンで完全に乾燥するまで40
　〜60分焼き、取り出してそのまま冷ます。

＊ 乾燥剤を入れた密閉容器で保存してください。日持ちは
　常温で2週間くらい。

chapter

2

8種の粉の
パウンドケーキ

グルテンフリーや栄養価の高さから人気が高まる穀物や豆の粉。

米粉と合わせることで、食感や風味にバリエーションが増え、

さらに米粉のパウンドケーキの楽しみ方が広がります。

作り方は基本の簡単リッチパウンドケーキ（P18）や

しっとりリッチパウンドケーキ（P24）と同じ。

まずは8種類の粉を使ったプレーンタイプから

お気に入りを探してみてください。

具材と生地の組み合わせは自由。

どんどんアレンジして楽しんでください。

粉別の基本
おから

point

- おからは吸水力があるため生地中の水分量が増え、しっとり、もっちりとした食感に。
- 生地のかたさを正確に見極めるために、粉末おからは豆乳に浸してから他の材料と混ぜる。

米粉×おから

おからケーキ・プレーン

粉末おからを使ったクセのない味わいです。
おからの吸水力のおかげで、生地の水分量が増え、
しっとり感が長持ちします。
使うおから粉によって食感が変わるので、
お好みのものを選んでください。

材料　18×8.7×6cmのパウンド型1台分

a
- 米粉…140g
- タピオカ粉（コーンスターチまたは、片栗粉で代用可）…30g
- ベーキングパウダー…5g（小さじ1）
- 重曹…2g（小さじ1/4）

b
- 粉末おから…20g
- 無調整豆乳…150g
（生地のかたさに合わせて追加20g〜）

c
- きび砂糖…50g
- 塩…1.5g（ふたつまみ）
- 植物油…50g
- レモン汁…20g
- バニラエキストラクト（バニラオイル少々で代用可）…3g（小さじ1/2強）

下準備

- 型にオーブンシートを敷く（P8参照）。
- オーブンに天板をセットし、200℃に予熱する。

作り方

1 ボウルにaの材料を入れ、泡立て器でよく混ぜる。

2 別のボウルにbの材料を入れ、スプーンで軽く混ぜ合わせる（写真上）。5分以上置いて粉末おからをふやかす（写真下）。

3 2にcの材料をすべて加え、泡立て器でしっかりと混ぜる。

4 1を一度に加えてゴムべらで手早く混ぜる。ダマがなくなりなめらかになったら生地の状態を確認し、かたい場合は少しずつ豆乳を足して調整する（P13参照）。すくった生地がリボン状に落ちてじんわり消えるくらいのかたさが目安。

5 型に生地を流して、200℃に予熱したオーブンに入れ、180℃に設定して15分焼き、160℃に下げて25分焼く。焼き上がったら粗熱をとる（P9参照）。

粉末おから

豆乳や豆腐を作るときの副産物である生おからを乾燥させたもの。微細加工され、粒感がないパウダーから、粒感が残るものまで形状はさまざま。粒の大きさで食感が変わるので、いろいろ試してみてください。

おからケーキアレンジ

ガトーショコラ

上新粉を加え、ずっしりとした生地に仕上げました。
生地をかためにして、みっちりつまった感を出すのがポイント。
はちみつを加えることで、ねっとり、
そしておからのホロホロ感が合わさった新食感はクセになるおいしさです。

材料　18×8.7×6cmのパウンド型1台分

a
- 米粉…60g
- 上新粉…30g
- ココアパウダー…30g
- ベーキングパウダー…4g（小さじ1弱）

b
- 粉末おから…20g
- 無調整豆乳…130g

c
- きび砂糖…20g
- はちみつ…40g
- ラム酒…15g
- 塩…1.5g（ふたつまみ）
- 植物油…40g

チョコレート（またはチョコチップ）…30g

下準備

- チョコレートは細かく刻む（チョコチップの場合は不要）。
- 型にオーブンシートを敷く（P8参照）。
- オーブンに天板をセットし、160℃に予熱する。

作り方

1 ボウルにaの材料を入れ、泡立て器でよく混ぜる。

2 別のボウルにbの材料を入れ、スプーンで軽く混ぜ合わせる。5分以上置いて粉末おからをふやかす（P41参照）。

3 2にcの材料をすべて加え、泡立て器でしっかりと混ぜる。

4 1を一度に加えてゴムべらで手早く混ぜる。ダマがなくなりなめらかになったら生地の状態を確認し、練ったジェラートよりも少しゆるいくらいのかたさを目安に、かたい場合は少しずつ豆乳を足して調整する（P13参照）。

5 チョコレートを加えて、ゴムべらで手早く混ぜる。

6 型に生地を流して、ゴムべらで表面を平らにならす。アルミホイルをドーム状にかぶせて熱風が入らないようにしっかりと端を折り込む（P35参照）。

7 160℃に予熱したオーブンに入れ、30分焼き、オーブンから取り出してアルミホイルを外す。再び160℃のオーブンに入れて5分焼く。焼き上がったら粗熱をとる（P9参照）。常温に6時間以上置くと味がなじんでさらにおいしくなる。

黒ごまマロンケーキ

黒ごまと栗の甘露煮を合わせた和テイストの素朴な味わい。
栗の味をしっかり感じられるように、大きめにカットして、
生地やトッピングにちりばめました。

材料 18×8.7×6cmのパウンド型1台分

a
- 米粉…140g
- タピオカ粉（コーンスターチまたは、片栗粉で代用可）…30g
- ベーキングパウダー…5g（小さじ1）
- 重曹…2g（小さじ¼）
- 黒すりごま…10g

b
- 粉末おから…20g
- 無調整豆乳…150g
  （生地のかたさに合わせて追加20g〜）

c
- きび砂糖…45g
- 塩…1.5g（ふたつまみ）
- 植物油…50g
- レモン汁…20g
- バニラエキストラクト
  （バニラオイル少々で代用可）…3g（小さじ½強）

栗の甘露煮（生地用）…80g
栗の甘露煮（トッピング用）…30g

下準備

- 栗の甘露煮は1.5cm角くらいにカットし、キッチンペーパーではさみ、上から軽く押さえて水気を拭く（P21参照）。
- 型にオーブンシートを敷く（P8参照）。
- オーブンに天板をセットし、**200℃に予熱する**。

作り方

1 「おからケーキ・プレーン」の1〜4と同様に生地を作る（P41参照）。

2 生地用の栗の甘露煮を加えて、ゴムべらで手早く混ぜる。

3 型に生地を流して、トッピング用の栗をランダムにのせる。**200℃に予熱した**オーブンに入れ、**180℃に設定して15分焼き、160℃に下げて25分焼く**。焼き上がったら粗熱をとる（P9参照）。

おからケーキアレンジ

九条ねぎとウインナーのケーク・サレ

具を調理する手間がいらない簡単和風サレ。
子どもが好きなコーンやウインナーがたっぷりだから、
おやつや軽食におすすめです。

材料 18×8.7×6cmのパウンド型1台分

a
- 米粉…80g
- タピオカ粉（コーンスターチまたは、片栗粉で代用可）…20g
- ベーキングパウダー…3g（小さじ1/2強）
- 重曹…1g（小さじ1/8）

b
- 粉末おから…10g
- 無調整豆乳…80g
  （生地のかたさに合わせて追加30g〜）

c
- きび砂糖…7g
- 塩…2g（小さじ1/2弱）
- 植物油…20g
- レモン汁…10g
- 粗びき黒こしょう…少々

- 九条ねぎ（青ねぎや長ねぎで代用可）…70g
- ウインナー…70g
- コーン（缶詰・ホール）…50g
- 白炒りごま（生地用）…8g
- 白炒りごま（トッピング用）…3g（小さじ1）

下準備
- 型にオーブンシートを敷く（P8参照）。
- オーブンに天板をセットし、**180℃に予熱する**。

作り方

1 九条ねぎは斜めざく切りにし、ウインナーは8mm厚さに斜め薄切りにする。コーンはキッチンペーパーの上にのせ、水気をきる（P27参照）。

2 「**おからケーキ・プレーン**」の**1〜4**と同様に生地を作る（P41参照）。

3 1と生地用の白炒りごまを加えて、ゴムべらでざっくりと混ぜる。

4 型に生地を流して、トッピング用の白炒りごまをふりかける。アルミホイルをドーム状にかぶせて熱風が入らないようにしっかりと端を折り込む（P35参照）。

5 **180℃**に予熱したオーブンに入れ、**160℃**に設定して10分焼き、**200℃**に上げて15分焼く。オーブンから取り出してアルミホイルを外す。再び**200℃**のオーブンに入れて焼き色がつくまで約15分焼く。焼き上がったら粗熱をとる（P9参照）。

ウインナー
発色剤などの添加物や、7大アレルゲン不使用のものを使用。お好みのものでもOKです。

粉別の基本
大豆粉

point
- 大豆粉は青臭さを消す加工をされたものを使うこと。
- 大豆粉を加えると焦げやすいので、焼くときは注意する。

米粉×大豆粉

大豆粉ケーキ・プレーン

大豆粉には吸水力があるため、
パサつきを抑えてしっとり感が持続します。
粉を選ぶときは、臭みを消す加工をしているか確認することがポイント。
加工なしの粉は青臭さが残るので注意しましょう。

大豆粉
グルテンフリー食材の中でも「低糖質」なのが大きな魅力。ケーキに使う場合は「失活」、「そのまま使える」などの表示を目安に、青臭さの原因となる酵素活性を抑えた処理がされているか確認してから選んでください。

材料　18×8.7×6cmのパウンド型1台分

a
- 米粉…130g
- 大豆粉…30g
- タピオカ粉（コーンスターチまたは、片栗粉で代用可）…30g
- ベーキングパウダー…5g（小さじ1）
- 重曹…2g（小さじ1/4）
- きび砂糖…50g
- 塩…1.5g（ふたつまみ）
- 植物油…50g

b
- レモン汁…20g
- バニラエキストラクト（バニラオイル少々で代用可）…3g（小さじ1/2強）
- 無調整豆乳…130g〜（生地のかたさに合わせて調整）

下準備
- 型にオーブンシートを敷く（P8参照）。
- オーブンに天板をセットし、**200℃に予熱する**。

作り方

1 ボウルに**a**の材料を入れ、泡立て器でよく混ぜる。

2 別のボウルに**b**の材料をすべて加え、泡立て器でしっかりと混ぜ、泡立つくらいまできちんと乳化させる。

3 1を一度に加えてゴムべらで手早く混ぜる。ダマがなくなりなめらかになったら生地の状態を確認し、かたい場合は少しずつ豆乳を足して調整する（P13参照）。すくった生地がリボン状に落ちてじんわり消えるくらいのかたさが目安。

4 型に生地を流して、**200℃**に予熱したオーブンに入れ、**180℃**に設定して**15分焼き**、**160℃**に下げて**25分焼く**。焼き上がったら粗熱をとる（P9参照）。

＊途中で焦げそうになったらアルミホイルを上からかぶせてください。

大豆粉ケーキアレンジ

ミックスベリー＆ウォールナッツケーキ

冷凍のミックスベリーを使うから手軽に作れます。
大粒のベリーは生地に沈んでしまうので
適当な大きさにカットして加えると失敗しません。

材料 18×8.7×6cmのパウンド型1台分

a
- 米粉…130g
- 大豆粉…30g
- タピオカ粉（コーンスターチまたは、片栗粉で代用可）…30g
- ベーキングパウダー…5g（小さじ1）
- 重曹…2g（小さじ1/4）
- きび砂糖…50g
- 塩…1.5g（ふたつまみ）

b
- 植物油…50g
- レモン汁…20g
- バニラエキストラクト（バニラオイル少々で代用可）…3g（小さじ1/2強）
- 無調整豆乳…130g〜（生地のかたさに合わせて調整）

- 冷凍ミックスベリー（生地用）…70g
- 冷凍ミックスベリー（トッピング用）…30g
- くるみ…30g

下準備

- くるみは粗く刻んで**160℃**のオーブンで10〜12分焼いて粗熱をとる（P15参照）。
- 大粒の冷凍ミックスベリーは適当な大きさに切る。トッピング用はトレーに広げてそのまま解凍しておく。
- 生地用のベリーは、凍っているうちに米粉小さじ1（分量外）とともにビニール袋に入れ、ふり混ぜる。全体に粉がついたら、トレーに広げて解凍しておく（P21参照）。
- 型にオーブンシートを敷く（P8参照）。
- オーブンに天板をセットし、**200℃**に予熱する。

作り方

1. ボウルに**a**の材料を入れ、泡立て器でよく混ぜる。
2. 別のボウルに**b**の材料をすべて加え、泡立て器でしっかりと混ぜ、泡立つくらいまできちんと乳化させる。
3. 1を一度に加えてゴムべらで手早く混ぜる。ダマがなくなりなめらかになったら生地の状態を確認し、かたい場合は少しずつ豆乳を足して調整する（P13参照）。すくった生地がリボン状に落ちてじんわり消えるくらいのかたさが目安。
4. 型に1/3量の生地を流して、生地用のベリーを半量並べる。1/3量の生地を上からかけ、同様にベリーを並べて残りの生地をかける。最後にトッピング用のベリーを散らす。
5. **200℃**に予熱したオーブンに入れ、**180℃**に設定して15分焼き、160℃に下げて25分焼く。焼き上がったら粗熱をとる（P9参照）。

* 中央が割れた仕上がりにしたい場合は焼き始めてから5〜6分たった頃にナイフで表面に切り込みを入れてください。
* 途中で焦げそうになったらアルミホイルを上からかぶせてください。

49

あんずアールグレイケーキ

アールグレイの茶葉や、ドライあんずはそのまま使うと生地の水分を吸ってパサつきの原因に。
熱湯でふやかしてから使うのがコツです。

材料　18×8.7×6cmのパウンド型1台分

a
- 米粉…130g
- 大豆粉…30g
- タピオカ粉（コーンスターチまたは、片栗粉で代用可）…30g
- ベーキングパウダー…5g（小さじ1）
- 重曹…2g（小さじ1/4）
- きび砂糖…50g
- 塩…1.5g（ふたつまみ）

b
- 植物油…50g
- レモン汁…20g
- 無調整豆乳…120g〜（生地のかたさに合わせて調整）
- アールグレイティー（ティーバッグ）…1パック（2g）
- 熱湯…10g

ドライあんず（生地用）…90g
ドライあんず（トッピング用）…3個（スライスの場合は6枚）

下準備

- 型にオーブンシートを敷く（P8参照）。
- オーブンに天板をセットし、200℃に予熱する。
- ティーバッグの茶葉は器に出し、熱湯を加えてふやかしておく。

作り方

1 生地用のドライあんずは1cm角に切り、トッピング用は半分にスライスする。ボウルに入れて熱湯（分量外）で2分ふやかし、ザルにあげる。キッチンペーパーを敷いたトレーの上に広げて水気をきる（P27参照）。

2 「**大豆粉ケーキ・プレーン**」の1〜3と同様に生地を作る（P47参照）。

3 生地用のドライあんずを加え、ゴムべらで手早く混ぜる。

4 型に生地を流して、トッピング用ドライあんずの切り口を上にして中央に一列に並べる。200℃に予熱したオーブンに入れ、**180℃**に設定して15分焼き、160℃に下げて25分焼く。焼き上がったら粗熱をとる（P9参照）。

＊途中で焦げそうになったらアルミホイルを上からかぶせてください。

大豆粉ケーキアレンジ

えびとそら豆とマッシュルームのケーク・サレ

ひんやり冷えたサレはもっちり感が増して格別。
大豆粉のおかげで、卵が入っているかのような仕上がりに。
傷みやすいので冷蔵庫で保存してください。

材料　18×8.7×6cmのパウンド型1台分

a
- 米粉…80g
- 大豆粉…20g
- タピオカ粉（コーンスターチまたは、片栗粉で代用可）…10g
- ベーキングパウダー…3g（小さじ1/2強）
- 重曹…1g（小さじ1/8）

b
- きび砂糖…7g
- 塩…3g（小さじ1/2強）
- 植物油…20g
- レモン汁…10g
- 粗びき黒こしょう…少々
- 無調整豆乳…100g〜（生地のかたさに合わせて調整）

- 冷凍むきえび（小ぶりのもの）…130g
- そら豆（さやをむいた状態、冷凍でもOK）…150g
- ブラウンマッシュルーム…100g
- オリーブオイル…大さじ1
- 塩、粗びき黒こしょう…各少々

下準備
- 型にオーブンシートを敷く（P8参照）。
- オーブンに天板をセットし、**180℃**に予熱する。

作り方

1 マッシュルームは1.5〜2cm角に切り、フライパンにオリーブオイルを中火で熱して加え、塩、粗びき黒こしょうをふって炒める。ザルにあげて水気をきっておく。

＊先に塩をふって炒めると水気が早く出ます。

2 そら豆は黒い部分に切り込みを入れ、1分塩ゆでし、皮をむく。

＊冷凍の場合は自然解凍、またはさっと湯通しして皮をむいてください。

3 えびはさっと塩ゆでしてザルにあげ、水気をきる。

4 「**大豆粉ケーキ・プレーン**」の**1〜3**と同様に生地を作る（P47参照）。

5 1〜3の具を加え、ゴムべらでざっくりと混ぜる。

6 型に生地を流し、表面を平らにならし、アルミホイルをドーム状にかぶせて熱風が入らないようにしっかりと端を折り込む（P35参照）。

7 **180℃**に予熱したオーブンに入れ、**160℃**に設定して10分焼き、**200℃**に上げて15分焼く。オーブンから取り出してアルミホイルを外す。再び**200℃**のオーブンに入れて焼き色がつくまで約15分焼く。焼き上がったら粗熱をとる（P9参照）。

粉別の基本

コーンミール

point

- コーンミールの粒の大きさはさまざまなので、粉によって加える水分量を調整する。
- パンのようにトーストしてもおいしく食べられる。

米粉×コーンミール

コーンミールケーキ・プレーン

コーンミールは粒の大きさによって食感が変わり、
粒が粗いほどプチプチとした食感が楽しめます。
パサつきやすいので、当日中に食べるのがおすすめですが、
翌日もトースターでこんがり焼けばおいしく食べられます。

材料 18×8.7×6cmのパウンド型1台分

a
- 米粉…130g
- コーンミール…40g
- タピオカ粉（コーンスターチまたは、片栗粉で代用可）…30g
- ベーキングパウダー…5g（小さじ1）
- 重曹…2g（小さじ1/4）

b
- きび砂糖…40g
- 塩…1.5g（ふたつまみ）
- 植物油…50g
- レモン汁…20g
- バニラエキストラクト（バニラオイル少々で代用可）…3g（小さじ1/2強）
- 無調整豆乳…120g〜（生地のかたさに合わせて調整）

下準備

- 型にオーブンシートを敷く（P8参照）。
- オーブンに天板をセットし、200℃に予熱する。

作り方

1 ボウルに**a**の材料を入れ、泡立て器でよく混ぜる。

2 別のボウルに**b**の材料をすべて加え、泡立て器でしっかりと混ぜ、泡立つくらいまできちんと乳化させる。

3 1を一度に加えてゴムべらで手早く混ぜる。ダマがなくなりなめらかになったら生地の状態を確認し、かたい場合は少しずつ豆乳を足して調整する（P13参照）。すくった生地がリボン状に落ちてじんわり消えるくらいのかたさが目安。

4 型に生地を流して、**200℃に予熱した**オーブンに入れ、**180℃に設定して15分焼き、160℃に下げて25分焼く**。焼き上がったら粗熱をとる（P9参照）。

＊途中で焦げそうになったらアルミホイルを上からかぶせてください。

コーンミール

トウモロコシの胚乳を挽いた粉。粒の細かいものから順にコーンフラワー、コーンミール、コーングリッツと分けられます。コーンミールは商品によって粒度にバラつきがあり、粒度の違いによって膨らみ方やキメの細かさに違いが出ます。写真のアリサンの有機コーンミールは大小の粒が混在しており、ほどよいキメと膨らみに。

コーンミールケーキアレンジ

じゃがいもとブロッコリーの
マスタードケーク・サレ

ごろっとしたじゃがいもとブロッコリーをマスタードで和えてから生地に入れた、ボリュームのあるサレ。コーンミールとマスタードのプチプチのハーモニーがさらにおいしさを引き立てます。

材料 18×8.7×6cmのパウンド型1台分

a
- 米粉…60g
- コーンミール…40g
- タピオカ粉(コーンスターチまたは、片栗粉で代用可)…20g
- ベーキングパウダー…3g (小さじ1/2強)
- 重曹…1g (小さじ1/8)

b
- きび砂糖…7g
- 塩…3g (小さじ1/2強)
- 植物油…20g
- レモン汁…10g
- 豆乳ヨーグルト…60g〜
  (生地のかたさに合わせて調整。普通のヨーグルトでも代用可)
- 粗びき黒こしょう…少々
- ドライオレガノ…少々 (なくてもOK)

- じゃがいも(小)…2〜3個(200g前後)
- ブロッコリー…70g
- 粒マスタード…小さじ2
- 塩…ひとつまみ

下準備
- 型にオーブンシートを敷く(P8参照)。
- オーブンに天板をセットし、180℃に予熱する。

作り方

1 じゃがいもは皮つきのまま蒸して、2〜3cm角に切る。ブロッコリーは小さくひと口大に切ってさっと塩ゆでし、ザルにあげて水気をきる。

2 1の野菜の粗熱がとれたらボウルに入れ、粒マスタードと塩を加えて和える。

3 別のボウルに**a**の材料を入れ、泡立て器でよく混ぜる。

4 別のボウルに**b**の材料をすべて加え、泡立て器でしっかりと混ぜる。

5 3を一度に加えてゴムべらで手早く混ぜる。ダマがなくなりなめらかになったら生地の状態を確認し、かたい場合は少しずつ豆乳ヨーグルトを足して調整する(P13参照)。すくった生地がリボン状に落ちてじんわり消えるくらいのかたさが目安。

6 2を加えて、ゴムべらでざっくり混ぜる。

7 型に生地を流し、アルミホイルをドーム状にかぶせて熱風が入らないようにしっかりと端を折り込む(P35参照)。

8 180℃に予熱したオーブンに入れ、160℃に設定して10分焼き、200℃に上げて15分焼く。オーブンから取り出してアルミホイルを外す。再び200℃のオーブンに入れて焼き色がつくまで約15分焼く。焼き上がったら粗熱をとる(P9参照)。

粒マスタード
オーガニックの原材料を使った粒マスタード。伝統的な製法で作られたアップルビネガーのさわやかな酸味が特徴です。

キャロットレーズンケーキ

にんじんとレーズンのやさしい甘みが
コーンミール生地によく合います。
にんじんは皮ごとスライサーで
細く切るとラクです。

コーンブレッド

アメリカの家庭料理、
コーンブレッド風のケーキ。
コーンの風味が口いっぱいに広がります。
トースターできつね色に焼いて
朝食に食べるのもおすすめです。

キャロットレーズンケーキ

材料 18×8.7×6cmのパウンド型1台分

a
- 米粉…130g
- コーンミール…40g
- タピオカ粉（コーンスターチまたは、片栗粉で代用可）…30g
- ベーキングパウダー…5g（小さじ1）
- 重曹…2g（小さじ1/4）
- シナモンパウダー…小さじ1/2
- きび砂糖…35g
- 塩…1.5g（ふたつまみ）

b
- 植物油…50g
- レモン汁…20g
- 無調整豆乳…120g〜（生地のかたさに合わせて調整）

にんじん（中）…1/2本（80g）
レーズン…60g

下準備
- 型にオーブンシートを敷く（P8参照）。
- オーブンに天板をセットし、**200℃**に予熱する。

作り方
1 にんじんは皮つきのままスライサーなどで、細いせん切りにする（写真右）。塩ひとつまみ（分量外）をふって混ぜ合わせ、10分置く。手でしぼって水気をきり、ほぐしておく。

2 レーズンは熱湯（分量外）に2分浸してザルにあげ、キッチンペーパーを敷いたトレーに広げて水気をきる（P27参照）。

3 「コーンミールケーキ・プレーン」の1〜3と同様に生地を作る（P53参照）。

4 1と2を加え、ゴムべらで手早く混ぜる。

5 型に生地を流して、**200℃**に予熱したオーブンに入れ、**180℃**に設定して15分焼き、**160℃**に下げて25分焼く。焼き上がったら粗熱をとる（P9参照）。

＊ 途中で焦げそうになったらアルミホイルを上からかぶせてください。

コーンブレッド

材料 18×8.7×6cmのパウンド型1台分

a
- 米粉…100g
- コーンミール…70g
- タピオカ粉（コーンスターチまたは、片栗粉で代用可）…30g
- ベーキングパウダー…5g（小さじ1）
- 重曹…2g（小さじ1/4）
- きび砂糖…35g
- 塩…2.5g（小さじ1/2）

b
- 植物油…40g
- レモン汁…20g
- 豆乳ヨーグルト
  …130g〜（生地のかたさに合わせて調整。普通のヨーグルトでも代用可）

下準備
- 型にオーブンシートを敷く（P8参照）。
- オーブンに天板をセットし、**200℃**に予熱する。

作り方
1 「コーンミールケーキ・プレーン」の1〜4と同様に生地を作って焼く（P53参照）。

＊ ただし、生地のかたさは豆乳ではなく豆乳ヨーグルトで調整してください。

粉別の基本
きな粉

point
- もろっとした食感になりやすいので米ペーストをつなぎに使う。
- きな粉を加えると香ばしくてコクが出るため、生地にうま味が増す。

米粉×きな粉

きな粉ケーキ・プレーン

和菓子や和風のケーキにも使われるおなじみのきな粉。
風味豊かでコクのある味に仕上がりますが、
もろもろとした生地になるため、
粘りのある米ペーストをつなぎに使ってまとまりやすくしました。

材料　18×8.7×6cmのパウンド型1台分

a
- 米粉…130g
- きな粉…30g
- 片栗粉…30g
- ベーキングパウダー…5g（小さじ1）
- 重曹…2g（小さじ1/4）

米ペースト
- 米粉…5g
- きび砂糖…5g
- 熱湯…20g

b
- きび砂糖…45g
- 塩…1.5g（ふたつまみ）
- 植物油…40g
- レモン汁…20g
- 無調整豆乳…120g〜（生地のかたさに合わせて調整）

下準備

- 型にオーブンシートを敷く（P8参照）。
- オーブンに天板をセットし、200℃に予熱する。

作り方

1 ボウルにaの材料を入れ、泡立て器でよく混ぜる。

2 別のボウルに熱湯（分量外）を注ぎ、ボウルを軽く回して温め、湯を捨てる。ふきんで水分を拭き取る。米ペーストの米粉ときび砂糖を入れ、はかりにのせる。熱湯の分量をはかりで確認しながら、沸きたての熱湯を注ぐ。泡立て器で手早く混ぜ、なめらかなのり状のペーストを作る。

＊道具が冷たかったり、熱湯の温度が低いと十分な糊化ができないため、やかんや鍋で沸かした熱湯を直接注いで加えてください。

3 bの材料をすべて加え、泡立て器でしっかりと混ぜ、泡立つくらいまできちんと乳化させる。

4 1を一度に加えてゴムべらで手早く混ぜる。ダマがなくなりなめらかになったら生地の状態を確認し、かたい場合は少しずつ豆乳を足して調整する（P13参照）。すくった生地がリボン状に落ちてじんわり消えるくらいのかたさが目安。

5 型に生地を流して、200℃に予熱したオーブンに入れ、180℃に設定して15分焼き、160℃に下げて25分焼く。焼き上がったら粗熱をとる（P9参照）。

きな粉

大豆を炒ってから挽いているため、独特の香ばしさがある、風味豊かな粉。大豆の種類によって青豆粉、黄豆粉に大きく分けられます。和の素材との相性がよく、ケーキのバリエーションが広がります。

きな粉ケーキアレンジ

和栗のクランブルケーキ

トッピングにきな粉クランブルをたっぷりとのせ、生地には栗の渋皮煮を贅沢に入れたおもてなしにぴったりなケーキです。栗の代わりに鹿の子大納言を使ってもおいしいです。

材料 18×8.7×6cmのパウンド型1台分

a
- 米粉…130g
- きな粉…30g
- 片栗粉…30g
- ベーキングパウダー…5g (小さじ1)
- 重曹…2g (小さじ1/4)

米ペースト
- 米粉…5g
- きび砂糖…5g
- 熱湯…20g

b
- きび砂糖…35g
- 塩…1.5g (ふたつまみ)
- 植物油…40g
- レモン汁…20g
- ラム酒…10g
- 無調整豆乳…110g〜 (生地のかたさに合わせて調整)

栗の渋皮煮…140g
きな粉クランブル (下記参照)…全量

きな粉クランブル

材料

a
- 米粉…15g
- きな粉…7g
- 片栗粉…4g
- きび砂糖…12g
- 塩…少々

植物油…8g
無調整豆乳…8g

作り方

1 ボウルに**a**の材料を入れ泡立て器で混ぜる。植物油を加えてスプーンで軽く混ぜ、指でよくもみ込む。

2 豆乳を少しずつ加え、スケッパーで生地を切るように混ぜる。

3 粉っぽさが消え、ぽろぽろの状態になったらOK。

＊生地がゆるいときは米粉を、粉っぽいときは豆乳を足して調整してください。

下準備
- 型にオーブンシートを敷く (P8参照)。
- オーブンに天板をセットし、**200℃**に予熱する。

作り方

1 栗の渋皮煮は1.5〜2cm角にカットし、キッチンペーパーではさみ、上から軽く押さえて水気を拭く (P21参照)。

2 ボウルに**a**の材料を入れ、泡立て器でよく混ぜる。

3 別のボウルに熱湯 (分量外) を注ぎ、ボウルを軽く回して温め、湯を捨てる。ふきんで水分を拭き取る。米ペーストの米粉ときび砂糖を入れ、はかりにのせる。熱湯の分量をはかりで確認しながら、沸きたての熱湯を注ぐ。泡立て器で手早く混ぜ、なめらかなのり状のペーストを作る。

＊道具が冷たかったり、熱湯の温度が低いと十分な糊化ができないため、やかんや鍋で沸かした熱湯を直接注いで加えてください。

4 **b**の材料をすべて加え、泡立て器でしっかりと混ぜ、泡立つくらいまできちんと乳化させる。

5 **2**を一度に加えてゴムべらで手早く混ぜる。ダマがなくなりなめらかになったら生地の状態を確認し、かたい場合は少しずつ豆乳を足して調整する (P13参照)。生地がゆるいと栗が沈むため、プレーンよりも少しもったりするくらいが目安 (すくった生地がリボン状に落ちて薄く跡が残るくらい、生クリームの7分立てくらいのかたさ)。

6 **1**を加えてゴムべらで手早く混ぜる。

7 型に生地を流して、きな粉クランブルをのせる。**200℃**に予熱したオーブンに入れ、**180℃**に設定して15分焼き、**160℃**に下げて25分焼く。焼き上がったら粗熱をとる (P9参照)。

61

きな粉ケーキアレンジ

ほうじ茶と抹茶の2色のケーキ

ほうじ茶と抹茶の2種類の生地を使った、さっぱりとした風味のケーキです。
どんな模様の生地になるかは、焼き上がってからのお楽しみ。

材料 18×8.7×6cmのパウンド型1台分

ほうじ茶生地

a
- 米粉…65g
- きな粉…15g
- 片栗粉…15g
- ベーキングパウダー…2.5g（小さじ1/2）
- 重曹…1g（小さじ1/8）
- きび砂糖…23g
- 塩…ひとつまみ
- 植物油…20g

b
- レモン汁…10g
- 無調整豆乳…55g〜（生地のかたさに合わせて調整）
- ほうじ茶（ティーバッグ）…1パック（2g）
- 熱湯…10g

抹茶生地

a
- 米粉…65g
- きな粉…15g
- 片栗粉…15g
- 抹茶…3g（小さじ1）
- ベーキングパウダー…2.5g（小さじ1/2）
- 重曹…1g（小さじ1/8）
- きび砂糖…23g
- 塩…ひとつまみ

b
- 植物油…20g
- レモン汁…10g
- 無調整豆乳…65g〜（生地のかたさに合わせて調整）

米ペースト
- 米粉…5g
- きび砂糖…5g
- 熱湯…20g

下準備
- 型にオーブンシートを敷く（P8参照）。
- オーブンに天板をセットし、200℃に予熱する。
- ティーバッグの茶葉は器に出し、熱湯を加えてふやかしておく。

作り方

1 「きな粉ケーキ・プレーン」の1〜3と同様に、4つのボウルにそれぞれほうじ茶生地と抹茶生地の **a** と **b** を用意する（P59参照）。

＊ ただし、米ペーストはひとつのボウルに作ってから15gを取り分けてほうじ茶生地の **b** に加え、残りを抹茶生地の **b** に加えてください。

2 「きな粉ケーキ・プレーン」の4と同様に、はじめにほうじ茶生地を作り、手早く型に流す。同様に抹茶生地を作り、ほうじ茶生地の上に流す（P59参照）。

3 200℃に予熱したオーブンに入れ、180℃に設定して15分焼き、160℃に下げて25分焼く。焼き上がったら粗熱をとる（P9参照）。

＊ 中央が割れた仕上がりにしたい場合は焼き始めてから5〜6分たった頃にナイフで表面に切り込みを入れてください。

arrange

ミニ和パフェ

ほうじ茶と抹茶の2色のケーキで作る、簡単グラスデザートです。材料をグラスに重ねるだけで、彩り豊かなおしゃれな1品に仕上がります。

材料（すべて、好みの量）
ほうじ茶と抹茶の2色のケーキ（好みのもので代用可）、ゆであずき、ココナッツホイップクリーム（P33参照）、栗の甘露煮、抹茶、ミント（なくてもOK）

作り方

1 栗の甘露煮はトッピング用を残し、小さく角切りにする。

2 ケーキは1〜1.5cmの角切りにし、グラスに入れる。ココナッツホイップクリーム、ゆであずき、刻んだ1、ココナッツホイップクリームを順に重ねる。

3 好みで表面を平らにし、抹茶を茶こしでふるいかける。半分に切った栗の甘露煮とミントを飾る。

粉別の基本

そば粉

point
- そば粉のとろみがつなぎになって食感のよい生地になる。
- 焼き上がったあともそばの香りが残り、よいアクセントになる。

米粉×そば粉

そば粉ケーキ・プレーン

水と混ぜると独特の粘りやとろみが出るそば粉の性質のおかげで、
つなぎを使わなくてもきめの細かい食感のよいケーキになります。
そば粉は香りが強いので、食べやすさを重視して配合を考えました。

材料 18×8.7×6cmのパウンド型1台分

a
- 米粉…100g
- そば粉…60g
- タピオカ粉（コーンスターチまたは、片栗粉で代用可）…20g
- ベーキングパウダー…5g（小さじ1）
- 重曹…2g（小さじ1/4）

b
- きび砂糖…50g
- 塩…1.5g（ふたつまみ）
- 植物油…50g
- レモン汁…20g
- バニラエキストラクト（バニラオイル少々で代用可）…3g（小さじ1/2強）
- 無調整豆乳…120g〜（生地のかたさに合わせて調整）

下準備
- 型にオーブンシートを敷く（P8参照）。
- オーブンに天板をセットし、**200℃**に予熱する。

作り方

1 ボウルに**a**の材料を入れ、泡立て器でよく混ぜる。

2 別のボウルに**b**の材料をすべて加え、泡立て器でしっかりと混ぜ、泡立つくらいまできちんと乳化させる。

3 1を一度に加えてゴムべらで手早く混ぜる。ダマがなくなりなめらかになったら生地の状態を確認し、かたい場合は少しずつ豆乳を足して調整する（P13参照）。すくった生地がリボン状に落ちてじんわり消えるくらいのかたさが目安。

4 型に生地を流して、**200℃**に予熱したオーブンに入れ、**160℃**に設定して40分焼く。焼き上がったら粗熱をとる（P9参照）。

そば粉

そばの実（種）を挽いて粉にしたもの。原料や挽き方で粉の種類が細かく分かれますが、そば打ち用の細びきを使うとおいしくできます。ガレットの材料としても人気があるそば粉は、熱を加えても香りが残るため、合わせる具材も個性の強いものを選ぶとバランスよくまとまります。

ルバーブのケーキ

梅のような酸味がおいしいルバーブは、
入手しにくいので、冷凍を使うと便利です。
焼いたときにルバーブから水分が出ないように、
しっかりとしぼるのがポイント。

赤ワインフィグのケーキ

ちょっぴり大人の味をかもし出す、
赤ワインを使ったケーキ。ドライいちじくを赤ワインと
レモン汁で煮たジューシーなコンポートは、
そのまま食べてもおいしくいただけます。

そば粉ケーキアレンジ

ルバーブのケーキ

材料 18×8.7×6cmのパウンド型1台分

a
- 米粉…100g
- そば粉…60g
- タピオカ粉（コーンスターチまたは、片栗粉で代用可）…20g
- ベーキングパウダー…5g（小さじ1）
- 重曹…2g（小さじ1/4）

b
- きび砂糖…50g
- 塩…1.5g（ふたつまみ）
- 植物油…50g
- レモン汁…20g
- ラム酒…10g
- 無調整豆乳…120g〜（生地のかたさに合わせて調整）

- ルバーブ（冷凍）…200g
- きび砂糖…60g

下準備
- ルバーブを解凍し、大きなものは2cm幅にカットする。ボウルに入れ、きび砂糖をまぶし、ラップをかけて冷蔵庫に入れ、途中で2〜3回混ぜながら一晩以上置く。
- 型にオーブンシートを敷く（P8参照）。
- オーブンに天板をセットし、**200℃**に予熱する。

作り方
1. ルバーブを手でかたくしぼって水気をきる（写真右）。トッピング用に1/4量を取り分け、残りの生地用のルバーブと米粉大さじ1（分量外）をビニール袋に入れ、ふり混ぜる。全体に粉がついたら、トレーに広げておく（P21参照）。

2. 「そば粉ケーキ・プレーン」の1〜3と同様に生地を作る（P65参照）。
3. 型に1/3量の生地を流して、生地用の1を半量並べる。1/3量の生地を流し、残りの生地用の1を並べ、上から残りの生地を流す。トッピング用のルバーブを並べて**200℃**に予熱したオーブンに入れ、**180℃**に設定して15分焼き、**160℃**に下げて25分焼く。焼き上がったら粗熱をとる（P9参照）。

＊途中で焦げそうになったらアルミホイルを上からかぶせてください。

赤ワインフィグのケーキ

材料 18×8.7×6cmのパウンド型1台分

a
- 米粉…100g
- そば粉…60g
- タピオカ粉（コーンスターチまたは、片栗粉で代用可）…20g
- ベーキングパウダー…5g（小さじ1）
- 重曹…2g（小さじ1/4）

b
- きび砂糖…30g
- 塩…1.5g（ふたつまみ）
- 植物油…50g
- レモン汁…20g
- バニラエキストラクト（バニラオイル少々で代用可）…3g（小さじ1/2強）
- 無調整豆乳…110g〜（生地のかたさに合わせて調整）
- コンポートのシロップ…30g

いちじくのコンポート
- ドライ白いちじく…120g
- 赤ワイン…120g〜
- レモン汁…10g
- きび砂糖…40g

下準備
- 型にオーブンシートを敷く（P8参照）。
- オーブンに天板をセットし、**200℃**に予熱する。

作り方
1. コンポートを作る。ドライ白いちじくを1/4の大きさに切る。いちじく以外の材料を小鍋に入れて混ぜながら中火にかけ、沸騰したらいちじくを加える（いちじくがシロップに浸かっていない場合は、ひたひたになるまでワインを足す）。再沸騰したら弱火にして5分煮て火を止める。鍋のまま冷ます（写真右）。

2. 1が完全に冷めたらボウルとザルを重ねていちじくをザルにあげ、水気をきる。ボウルに残ったシロップ30gをとっておき、**b**の材料と一緒に加える。
3. 「そば粉ケーキ・プレーン」の1〜3と同様に生地を作る（P65参照）。
4. 型に半量の生地を流して、半量のいちじくを並べる。残りの生地を流し、残りのいちじくを並べる。**200℃**に予熱したオーブンに入れ、**160℃**に設定して40分焼く。焼き上がったら粗熱をとる（P9参照）。

＊途中で焦げそうになったらアルミホイルを上からかぶせてください。

67

そば粉ケーキアレンジ

スモークサーモン・アボカド・春菊の
ケーク・サレ

アボカドをドーンと上にのせたダイナミックなケーク・サレ。
生地に具材がたっぷり入っているので、しっかりと冷やしてから、
おかず感覚で食べるのがおすすめです。

材料 18×8.7×6cmのパウンド型1台分

a
- 米粉…60g
- そば粉…40g
- タピオカ粉(コーンスターチまたは、片栗粉で代用可)…10g
- ベーキングパウダー…3g (小さじ½強)
- 重曹…1g (小さじ⅛)
- きび砂糖…7g
- 塩…2g (小さじ½弱)
- 植物油…20g

b
- レモン汁…10g
- 粗びき黒こしょう…少々
- フレッシュローズマリーの葉…2枝分
- 無調整豆乳…100g〜 (生地のかたさに合わせて調整)

- スモークサーモン(切り落とし)…100g
- 春菊(ほうれん草で代用可)…60g
- アボカド(小〜中)…1個
- レモン汁…小さじ2

下準備
- 型にオーブンシートを敷く(P8参照)。
- オーブンに天板をセットし、180℃に予熱する。

作り方

1 スモークサーモンは3cm幅くらいに切る。春菊は3〜4cm幅に切り、さっと湯通しして水にさらし、水気をしぼってほぐしておく。

2 アボカドは皮と種を取り除き、縦8等分にカットしてレモン汁をからめ、ザルにあけて水分をきる。

3 ボウルに**a**の材料を入れ、泡立て器でよく混ぜる。

4 別のボウルに**b**の材料をすべて加え、泡立て器でしっかりと混ぜ、泡立つくらいまできちんと乳化させる。

5 3を一度に加えてゴムべらで手早く混ぜる。ダマがなくなりなめらかになったら生地の状態を確認し、かたい場合は少しずつ豆乳を足して調整する(P13参照)。すくった生地がリボン状に落ちてじんわり消えるくらいのかたさが目安。

6 1を加え、ゴムべらでざっくりと混ぜる。

7 型に半量の生地を流して、半量のアボカドを並べる。残りの生地を流し、残りのアボカドをのせ、手で軽く押して少し沈める。アルミホイルをドーム状にかぶせて熱風が入らないようにしっかりと端を折り込む(P35参照)。

8 180℃に予熱したオーブンに入れ、160℃に設定して10分焼き、200℃に上げて15分焼く。オーブンから取り出してアルミホイルを外す。再び200℃のオーブンに入れて焼き色がつくまで約15分焼く。焼き上がったら粗熱をとる(P9参照)。

69

粉別の基本
ひよこ豆粉

point
- 卵を使ったような黄色の生地になり、膨らみもよくなる。
- ひよこ豆粉を加えると焦げやすいので、焼くときに注意する。

ひよこ豆粉ケーキ・プレーン

焼き上がりがほんのり黄色く色づき、
まるで卵を使ったカステラのような見た目になります。
焼く前の生地には独特の青臭さがあるものの、焼くと消えて、食べやすいです。

材料 18×8.7×6cmのパウンド型1台分

a
- 米粉…120g
- ひよこ豆粉…30g
- タピオカ粉（コーンスターチまたは、片栗粉で代用可）…30g
- ベーキングパウダー…5g（小さじ1）
- 重曹…2g（小さじ1/4）

b
- きび砂糖…50g
- 塩…1.5g（ふたつまみ）
- 植物油…50g
- レモン汁…20g
- バニラエキストラクト（バニラオイル少々で代用可）…3g（小さじ1/2強）
- 無調整豆乳…100g〜（生地のかたさに合わせて調整）

下準備
- 型にオーブンシートを敷く（P8参照）。
- オーブンに天板をセットし、200℃に予熱する。

作り方

1 ボウルにaの材料を入れ、泡立て器でよく混ぜる。

2 別のボウルにbの材料をすべて加え、泡立て器でしっかりと混ぜ、泡立つくらいまできちんと乳化させる。

3 1を一度に加えてゴムべらで手早く混ぜる。ダマがなくなりなめらかになったら生地の状態を確認し、かたい場合は少しずつ豆乳を足して調整する（P13参照）。すくった生地がリボン状に落ちてじんわり消えるくらいのかたさが目安。

4 型に生地を流して、**200℃に予熱したオーブン**に入れ、**180℃に設定して15分焼き、160℃に下げて25分焼く**。焼き上がったら粗熱をとる（P9参照）。

＊途中で焦げそうになったらアルミホイルを上からかぶせてください。

ひよこ豆粉

加熱せずにひよこ豆をそのまま粉にしたもので、ベサン粉とも呼ばれます。黄色味がかった色と膨らみのよさが特徴で、フリッターや食事系パンケーキなどにもよく使われています。エスニック系スパイスとの相性もよく、おかず系の生地におすすめの粉です。

ひよこ豆粉ケーキアレンジ

ごろごろベジタブルカレーのケーク・サレ

ひよこ豆とクミン、カレー粉と、スパイシーな組み合わせで本格的な味に。
豆乳なしでもおいしく作れるので大豆アレルギーの人にもおすすめです。

材料　18×8.7×6cmのパウンド型1台分

a
- 米粉…50g
- ひよこ豆粉…50g
- タピオカ粉（コーンスターチまたは、片栗粉で代用可）…10g
- ベーキングパウダー…3g（小さじ1/2強）
- 重曹…1g（小さじ1/8）
- カレーパウダー（無塩）…1.5g（小さじ1/2）

b
- きび砂糖…7g
- 塩…3g（小さじ1/2強）
- 植物油…20g
- レモン汁…10g
- 水…70g〜（生地のかたさに合わせて調整）
- クミンシード…小さじ1/2（なくてもOK）

- グリーンアスパラガス…80g
- ヤングコーン（粒コーンやカリフラワーで代用可）…80g
- さつまいも…100g
- にんじん…80g
- クミンシード（トッピング用）…小さじ1/2（なくてもOK）

下準備
- 型にオーブンシートを敷く（P8参照）。
- オーブンに天板をセットし、180℃に予熱する。

作り方

1 グリーンアスパラガスとヤングコーンは3cm幅に切り、1分ほど塩ゆでしてザルにあげ、水気をきっておく。

2 さつまいもとにんじんは皮つきのまま小さめの乱切りにする。

3 ボウルに**a**の材料を入れ、泡立て器でよく混ぜる。

4 別のボウルに**b**の材料をすべて加え、泡立て器でしっかりと混ぜる。

5 3を一度に加えてゴムべらで手早く混ぜる。ダマがなくなりなめらかになったら生地の状態を確認し、かたい場合は少しずつ水を足して調整する（P13参照）。すくった生地がリボン状に落ちてじんわり消えるくらいのかたさが目安。

6 **1**と**2**を加えてゴムべらでざっくりと混ぜる。

7 型に生地を流して、表面を平らにならし、トッピング用のクミンシードをちらす。アルミホイルをドーム状にかぶせて熱風が入らないようにしっかりと端を折り込む（P35参照）。

8 180℃に予熱したオーブンに入れ、160℃に設定して10分焼き、200℃に上げて15分焼く。オーブンから取り出してアルミホイルを外す。再び200℃のオーブンに入れて焼き色がつくまで約15分焼く。焼き上がったら粗熱をとる（P9参照）。

クミンシード
カレー作りに欠かせない独特の香りのスパイス。インドや東南アジアなど、エスニック料理に使われており、クミンを加えると本格的な味に仕上がります。

ワイルドブルーベリーと
カシューナッツケーキ

干しぶどうのような食感で、
ぎゅっと味が凝縮されたワイルドブルーベリー。
ほんのりとした甘みが感じられる
カシューナッツの食感と合わさり、おいしさが増します。

オリエンタルごぼうケーク・サレ

ごぼうやブラックオリーブなど、パンチのある食材を、
ドライいちじくの甘さで中和。
独特のハーモニーが生まれ、何度でも食べたくなります。

ひよこ豆粉ケーキアレンジ

ワイルドブルーベリーと
カシューナッツケーキ

材料 18×8.7×6cmのパウンド型1台分

a
- 米粉…120g
- ひよこ豆粉…30g
- タピオカ粉（コーンスターチまたは、片栗粉で代用可）…30g
- ベーキングパウダー…5g（小さじ1）
- 重曹…2g（小さじ1/4）
- きび砂糖…50g
- 塩…1.5g（ふたつまみ）
- 植物油…50g

b
- レモン汁…20g
- バニラエキストラクト（バニラオイル少々で代用可）…3g（小さじ1/2強）
- 無調整豆乳…100g〜（生地のかたさに合わせて調整）

カシューナッツ…60g
ドライワイルドブルーベリー…40g

下準備

- カシューナッツは粗く刻んで**160℃**のオーブンで**10〜12分**焼いて粗熱をとる（P15参照）。
- 型にオーブンシートを敷く（P8参照）。
- オーブンに天板をセットし、**200℃**に予熱する。

作り方

1 ボウルにドライワイルドブルーベリーと熱湯（分量外）を入れ、2分浸してザルにあげる。キッチンペーパーを敷いたトレーに広げて水気をきる（P27参照）。

2 「ひよこ豆粉ケーキ・プレーン」の1〜3と同様に生地を作る（P71参照）。

3 1とカシューナッツを加えて、ゴムべらで手早く混ぜる。

4 型に生地を流して、**200℃**に予熱したオーブンに入れ、**180℃**に設定して15分焼き、**160℃**に下げて25分焼く。焼き上がったら粗熱をとる（P9参照）。

＊途中で焦げそうになったらアルミホイルを上からかぶせてください。

オリエンタルごぼうケーク・サレ

材料 18×8.7×6cmのパウンド型1台分

a
- 米粉…50g
- ひよこ豆粉…50g
- タピオカ粉（コーンスターチまたは、片栗粉で代用可）…10g
- ベーキングパウダー…3g（小さじ1/2強）
- 重曹…1g（小さじ1/8）
- きび砂糖…7g
- 塩…2g（小さじ1/2弱）
- 植物油…20g

b
- レモン汁…10g
- 水…70g〜（生地のかたさに合わせて調整）
- タイムの葉…大さじ1弱（ドライの場合は少々。なくてもOK）
- 粗びき黒こしょう…少々

ごぼう…130g
オリーブオイル…大さじ1/2
塩、粗びき黒こしょう…少々
白ドライいちじく…50g
くるみ…30g
ブラックオリーブ（缶詰／生地用）…30g
ブラックオリーブ（缶詰／トッピング用）…5〜6粒

下準備

- くるみは粗く刻んで**160℃**のオーブンで**10〜12分**焼いて粗熱をとる（P15参照）。
- 型にオーブンシートを敷く（P8参照）。
- オーブンに天板をセットし、**180℃**に予熱する。

作り方

1 ごぼうは皮をこそげ落とし、小さめの乱切りにして水に10分さらしてアクをとり、ザルにあげて水気をきる。

2 フライパンにオリーブオイルを入れて中火で熱し、1を入れてじっくり炒める。塩、粗びき黒こしょうをふってザルにあげ、水気をきる。

3 いちじくは1cm角に切り、ボウルに入れる。熱湯（分量外）を注ぎ、2分浸してザルにあげる。キッチンペーパーを敷いたトレーに広げて水気をきる（P27参照）。

4 オリーブは、生地用を1/4の大きさ、トッピング用を縦1/2の大きさにそれぞれ切る。

5 「ごろごろベジタブルカレーのケーク・サレ」の3〜5と同様に生地を作る（P73参照）。

6 くるみと2〜4を加えて、ゴムべらでざっくりと混ぜ、型に生地を流し、表面を平らにならし、トッピング用のオリーブを並べる。

7 「ごろごろベジタブルカレーのケーク・サレ」の7、8と同様に焼く（P73参照）。

粉別の基本

炒りぬか

point
- 香ばしくてほろっと口でほどける食感が特徴。
- 炒りぬかは食物繊維が豊富なので、ヘルシーなパウンドケーキに。

米粉×炒りぬか

炒りぬかケーキ・プレーン

ほろっとした食感と香ばしさが特徴です。
食物繊維が豊富なのでスイーツを食べながら、
腸のお掃除が期待できる、女性におすすめのケーキ。

材料 18×8.7×6cmのパウンド型1台分

a
- 米粉…140g
- 炒りぬか…40g
- タピオカ粉（コーンスターチまたは、片栗粉で代用可）…30g
- ベーキングパウダー…5g（小さじ1）
- 重曹…2g（小さじ1/4）
- シナモンパウダー…1g（小さじ1/2）

b
- きび砂糖…50g
- 塩…1.5g（ふたつまみ）
- 植物油…50g
- レモン汁…20g
- 無調整豆乳…130g〜（生地のかたさに合わせて調整）

下準備
- 型にオーブンシートを敷く（P8参照）。
- オーブンに天板をセットし、**200℃**に予熱する。

作り方

1 ボウルに**a**の材料を入れ、泡立て器でよく混ぜる。

2 別のボウルに**b**の材料をすべて加え、泡立て器でしっかりと混ぜ、泡立つくらいまできちんと乳化させる。

3 1を一度に加えてゴムべらで手早く混ぜる。ダマがなくなりなめらかになったら生地の状態を確認し、かたい場合は少しずつ豆乳を足して調整する（P13参照）。すくった生地がリボン状に落ちてじんわり消えるくらいのかたさが目安。

4 型に生地を流して、**200℃**に予熱したオーブンに入れ、**180℃**に設定して15分焼き、**160℃**に下げて25分焼く。焼き上がったら粗熱をとる（P9参照）。

＊途中で焦げそうになったらアルミホイルを上からかぶせてください。

炒りぬか

米ぬかを炒ってあるから、香ばしい風味が楽しめます。ぬかを選ぶときは「食べる」などの表示のある食用品質のものを使ってください。開封後は酸化しやすいので冷凍庫で保存するのがおすすめです。

炒りぬかケーキアレンジ

オレンジケーキ

自家製のオレンジコンポートをたっぷりと使ったさわやかな酸味と甘さは格別。
市販のオレンジピールを使ってもおいしくできます。

材料　18×8.7×6cmのパウンド型1台分

a
- 米粉…140g
- 炒りぬか…40g
- タピオカ粉（コーンスターチまたは、片栗粉で代用可）…30g
- ベーキングパウダー…10g（小さじ2）
- きび砂糖…50g
- 塩…1.5g（ふたつまみ）
- 植物油…50g

b
- オレンジコンポートのシロップ（市販のオレンジピールの場合は無調整豆乳で代用可）…30g
- オレンジのしぼり汁…50g
- 無調整豆乳…70g〜（生地のかたさに合わせて調整）

オレンジのコンポート（生地用／下記参照）…70g
オレンジのコンポート（トッピング用／下記参照）…3〜4枚

オレンジのコンポート

材料
- オレンジ…1個
- きび砂糖…70g
- 水…150g
- リキュール（オレンジ系）…小さじ1（入れなくてもOK）

＊オレンジは皮ごと使うため、防カビ剤不使用の国産のものが安心です。清美オレンジなどでもOK。
＊リキュールはグラン・マルニエ、コアントロー、キュラソーなど好みのものでOK。

作り方

1. オレンジをよく洗い、5mm幅の輪切りにする。
2. 鍋にきび砂糖と水を入れ、木べらで混ぜて中火にかけ、きび砂糖を煮溶かす。
3. 煮立ったら1を加え、弱火で20分前後、皮のワタの部分が透き通るまで煮る。仕上げにリキュールを加え、完全に冷ます（写真上）。

下準備

- 型にオーブンシートを敷く（P8参照）。
- オーブンに天板をセットし、200℃に予熱する。

作り方

1. 生地用のオレンジのコンポートはキッチンペーパーで軽く水気を拭き取り、7〜8mm角にカットする。トッピング用のコンポートもキッチンペーパーで軽く水気を拭いておく。
2. ボウルに**a**の材料を入れ、泡立て器でよく混ぜる。
3. 別のボウルに**b**の材料をすべて加え、泡立て器でしっかりと混ぜ、乳化させる。
4. 2を一度に加えてゴムべらで手早く混ぜる。ダマがなくなりなめらかになったら生地の状態を確認し、かたい場合は少しずつ豆乳を足して調整する（P13参照）。すくった生地がリボン状に落ちてじんわり消えるくらいのかたさが目安。
5. 生地用の1を加え、ゴムべらで手早く混ぜる。
6. 型に生地を流して、トッピング用の1を並べる。**200℃に予熱したオーブンに入れ、180℃に設定して15分焼き、160℃に下げて25分焼く**。焼き上がったら粗熱をとる（P9参照）。

＊途中で焦げそうになったらアルミホイルを上からかぶせてください。

79

チャイなスパイスケーキ

基本的なスパイスと紅茶でチャイラテを再現したケーキ。
ジンジャーのかくし味も効いた本格的な味わいです。

玄米コーヒーとカカオニブのケーキ

炒りぬかの香ばしさと玄米コーヒーの香ばしさで、
深みのある味わいに。カリッとしたカカオニブの
歯ごたえと苦みはクセになるおいしさです。

炒りぬかケーキアレンジ

チャイなスパイスケーキ

材料 18×8.7×6cmのパウンド型1台分

a
- 米粉…140g
- 炒りぬか…40g
- タピオカ粉（コーンスターチまたは、片栗粉で代用可）…30g
- ベーキングパウダー…5g（小さじ1）
- 重曹…2g（小さじ1/4）
- シナモンパウダー…2g（小さじ1）
- カルダモンパウダー…1g（小さじ1/2）
- クローブパウダー…1g（小さじ1/2）

b
- きび砂糖…50g
- 塩…1.5g（ふたつまみ）
- 植物油…50g
- レモン汁…20g
- 無調整豆乳…120g～（生地のかたさに合わせて調整）
- しょうがのしぼり汁…10g
- 紅茶（ティーバッグ／アッサムがおすすめ）…1パック（2g）
- 熱湯…10g

下準備
- 型にオーブンシートを敷く（P8参照）。
- オーブンに天板をセットし、200℃に予熱する。
- ティーバッグの茶葉は器に出し、熱湯を加えてふやかしておく。

作り方

1 「炒りぬかケーキ・プレーン」の1～4と同様に生地を作って焼く（P77参照）。

* 中央が割れた仕上がりにしたい場合は、焼き始めてから5～6分たった頃にナイフで表面に切り込みを入れてください。

玄米コーヒーとカカオニブのケーキ

材料 18×8.7×6cmのパウンド型1台分

a
- 米粉…140g
- 炒りぬか…40g
- タピオカ粉（コーンスターチまたは、片栗粉で代用可）…30g
- 玄米コーヒー…10g
- ベーキングパウダー…5g（小さじ1）
- 重曹…2g（小さじ1/4）
- 黒糖…60g
- 塩…1.5g（ふたつまみ）

b
- 植物油…50g
- レモン汁…20g
- 無調整豆乳…140g～（生地のかたさに合わせて調整）

- カカオニブ（生地用）…7g
- カカオニブ（トッピング用）…3g

下準備
- 型にオーブンシートを敷く（P8参照）。
- オーブンに天板をセットし、200℃に予熱する。

作り方

1 「炒りぬかケーキ・プレーン」の1～3と同様に生地を作る（P77参照）。

2 生地用のカカオニブを加えて、ゴムべらで手早く混ぜる。

3 型に生地を流して、トッピング用のカカオニブをのせる。200℃に予熱したオーブンに入れ、180℃に設定して15分焼き、160℃に下げて25分焼く。焼き上がったら粗熱をとる（P9参照）。

* 途中で焦げそうになったらアルミホイルを上からかぶせてください。

* 中央が割れた仕上がりにしたい場合は、焼き始めてから5～6分たった頃にナイフで表面に切り込みを入れてください。

玄米コーヒー

玄米を焙煎して粒状にしたカフェインの入らない穀物コーヒーです。粒の大きさはいろいろありますが、本書ではパウダータイプを使用しています。

カカオニブ

カカオ豆をローストして砕いたもの。栄養価の高さからスーパーフードとしても人気ですが、焼き菓子に加えると食感と苦みが味のアクセントになります。

粉別の基本

ホワイトソルガム

point
- 生地中の水分をほどよく吸ってさっくりとした食感に焼き上がる。
- 無味無臭でどんな具材とも合わせられる。

米粉×ホワイトソルガム

ホワイトソルガムケーキ・プレーン

ホワイトソルガムは、白たかきびを粉にしたもので、米粉のもっちり、ねっちりした食感を消して、さっくりとした仕上がりにしてくれます。タピオカ粉やコーンスターチなしでもきめの細かい生地になり、クセのない味で食べやすいのも特徴です。

材料 18×8.7×6cmのパウンド型1台分

a
- 米粉…120g
- ホワイトソルガム粉…60g
- ベーキングパウダー…5g（小さじ1）
- 重曹…2g（小さじ1/4）

b
- きび砂糖…50g
- 塩…1.5g（ふたつまみ）
- 植物油…50g
- レモン汁…20g
- バニラエキストラクト（バニラオイル少々で代用可）…3g（小さじ1/2強）
- 無調整豆乳…140g〜（生地のかたさに合わせて調整）

下準備
- 型にオーブンシートを敷く（P8参照）。
- オーブンに天板をセットし、**200℃**に予熱する。

作り方

1 ボウルに**a**の材料を入れ、泡立て器でよく混ぜる。

2 別のボウルに**b**の材料をすべて加え、泡立て器でしっかりと混ぜ、泡立つくらいまできちんと乳化させる。

3 1を一度に加えてゴムべらで手早く混ぜる。ダマがなくなりなめらかになったら生地の状態を確認し、かたい場合は少しずつ豆乳を足して調整する（P13参照）。すくった生地がリボン状に落ちてじんわり消えるくらいのかたさが目安。

4 型に生地を流して、**200℃**に予熱したオーブンに入れ、**160℃**に設定して40分焼く。焼き上がったら粗熱をとる（P9参照）。

ホワイトソルガム粉

イネ科の穀物、白たかきびを粉にしたもので、アメリカではとうもろこし、大豆、小麦に続く第4の穀物と言われ、人気が高まっています。ほとんど無味無臭で、素材の味を生かせるため、幅広く使えます。さくっとした食感に仕上がるため、米粉と相性のよい粉です。

ホワイトソルガムケーキアレンジ

グリル野菜のパクチーケーク・サレ

カラフル野菜とパクチーをぎっしりつめこんだ、見た目も味も個性たっぷりのケーク・サレ。
野菜は焼くことで水分がなくなり、甘みが引き出されます。

材料　18×8.7×6cmのパウンド型1台分

a
- 米粉…70g
- ホワイトソルガム粉…40g
- ベーキングパウダー…3g (小さじ1/2強)
- 重曹…1g (小さじ1/8)

- きび砂糖…7g
- 塩…2g (小さじ1/2弱)

b
- 植物油…20g
- レモン汁…10g
- 無調整豆乳…95g〜 (生地のかたさに合わせて調整)
- 粗びき黒こしょう…少々

- パプリカ(赤、黄色)…各1個
- エリンギ…80g
- オリーブオイル…大さじ1
- 塩、粗びき黒こしょう…各少々
- パクチー…50g (大きめのもの2束)

下準備

- 型にオーブンシートを敷く(P8参照)。
- オーブンに天板をセットし、180℃に予熱する。

作り方

1 パプリカとエリンギは小さめのひと口大に切り、ボウルに入れる。オリーブオイルと塩、粗びき黒こしょうを加えて和えたら、クッキングシートを敷いた天板に並べ、オーブンのグリル機能で焼き色がつくまで焼き、粗熱をとる。

2 パクチーは3cm幅に切る。

3 ボウルにaの材料を入れ、泡立て器でよく混ぜる。

4 別のボウルにbの材料をすべて加え、泡立て器でしっかりと混ぜ、泡立つくらいまできちんと乳化させる。

5 3を一度に加えてゴムべらで手早く混ぜる。ダマがなくなりなめらかになったら生地の状態を確認し、かたい場合は少しずつ豆乳を足して調整する(P13参照)。すくった生地がリボン状に落ちてじんわり消えるくらいのかたさが目安。

6 1と2を加えてゴムべらでざっくりと混ぜる。

7 型に生地を流し、アルミホイルをドーム状にかぶせて熱風が入らないようにしっかりと端を折り込む(P35参照)。

8 180℃に予熱したオーブンに入れ、160℃に設定して10分焼き、200℃に上げて15分焼く。オーブンから取り出してアルミホイルを外す。再び200℃のオーブンに入れて焼き色がつくまで約15分焼く。焼き上がったら粗熱をとる(P9参照)。

ココナッツパインケーキ

ココナッツをたっぷりと使い、
ドライパインと合わせたトロピカルな組み合わせ。
香ばしく焼けたトッピングのココナッツのサクサク感が楽しいケーキです。

プルーンケーキ

プルーンは柔らかくてふっくらとしているので、
湯戻し不要。大きくて重い具材は生地に沈んでしまうので、
2層にしてバランスよくちりばめるのがポイントです。

ホワイトソルガムケーキアレンジ

ココナッツパインケーキ

材料 18×8.7×6cmのパウンド型1台分

a
- 米粉…120g
- ホワイトソルガム粉…60g
- ココナッツファイン…30g
- ベーキングパウダー…5g（小さじ1）
- 重曹…2g（小さじ1/4）
- きび砂糖…50g
- 塩…1.5g（ふたつまみ）

b
- 植物油…50g
- レモン汁…20g
- 無調整豆乳…140g〜（生地のかたさに合わせて調整）

- ドライパイン…80g
- ココナッツロング…8g

下準備
- 型にオーブンシートを敷く（P8参照）。
- オーブンに天板をセットし、**200℃**に予熱する。

作り方
1. ドライパインを1cm弱角に切り、ボウルに入れ、熱湯（分量外）を注いで2分浸してザルにあげる。キッチンペーパーを敷いたトレーに広げ、水気をきる（P27参照）。
2. 「ホワイトソルガムケーキ・プレーン」の1〜3と同様に生地を作る（P83参照）。
3. 1を加えて、ゴムべらで手早く混ぜる。
4. 型に生地を流して、ココナッツロングをふり、**200℃**に予熱したオーブンに入れ、**160℃**に設定して40分焼く。焼き上がったら粗熱をとる（P9参照）。

プルーンケーキ

材料 18×8.7×6cmのパウンド型1台分

a
- 米粉…120g
- ホワイトソルガム粉…60g
- ベーキングパウダー…5g（小さじ1）
- 重曹…2g（小さじ1/4）
- きび砂糖…40g
- 塩…1.5g（ふたつまみ）

b
- 植物油…50g
- レモン汁…20g
- バニラエキストラクト（バニラオイル少々で代用可）…3g（小さじ1/2強）
- 無調整豆乳…140g〜（生地のかたさに合わせて調整）

- ドライプルーン（ソフトタイプ）…120g

下準備
- 型にオーブンシートを敷く（P8参照）。
- オーブンに天板をセットし、**200℃**に予熱する。

作り方
1. ドライプルーンは1/2の大きさに切る。
2. 「ホワイトソルガムケーキ・プレーン」の1〜3と同様に生地を作る（P83参照）。
3. 型に半量の生地を流して、半量のプルーンを並べる。残りの生地を流し、残りのプルーンを上に並べる。**200℃**に予熱したオーブンに入れ、**160℃**に設定して40分焼く。焼き上がったら粗熱をとる（P9参照）。

ドライパイン
カットしたパイナップルをドライ加工しているから、ヨーグルトやグラノーラなどのトッピングにも。色もきれいなので焼き菓子のアクセントにぴったり。

ココナッツ
ココナッツの実を削って乾燥させたもの。粗びきを「ココナッツファイン／ココナッツパウダー」（右）、細く切ったものを「ココナッツロング」（左）と言い、食感の違いが楽しめます。

pound cake basic BOOK

初心者でもよくわかる

米粉パウンドケーキの
基礎BOOK

「米粉」って聞くと、作るのがむずかしそうに思えますが、
実は特別なテクニックは必要なく、手軽に作れます。
まずは、何をどう気をつけたらよいのか、
漠然とした疑問を解決していきましょう。
材料選びから必要な道具、
はじめてでも失敗しないコツやアレンジ方法など、
知っておきたい米粉のパウンドケーキについての
基礎知識を紹介します。

基礎BOOK

米粉について

米粉って何？

米粉はうるち米やもち米を粉にしたもので、餅粉や白玉粉、上新粉など、古くから和菓子の材料として使われてきました。さらに製粉技術が進化したことで、より微細な粒子のパンや洋菓子向きの米粉が誕生すると、もちっとした食感が人気に。最近では、小麦アレルギーの代替えやグルテンフリーの食材として新たな注目を集めています。

選ぶときは？

米粉パウンドケーキに使用する米粉は、パン用ではなく、製菓用のものを選ぶこと。さらに米粉は商品によって吸水率に差が出るのも特徴です。使う米粉によって生地の状態がまったく別のものになる場合があるため、まずは本書で使用した「米の粉」／共立食品を使ってみてください。初心者にも扱いやすく、ふんわりとした軽い食感に仕上がります。

「米の粉」／共立食品
大手ネット通販などで購入可能。

保存はどうしたらいい？

米粉も湿気に弱いのは小麦粉と同じです。開封後はしっかり密閉して冷暗所で保管し、早めに使い切るようにしましょう。

米粉の吸水量の違い

メーカーの異なる製菓用米粉50gに水40gを加えたところ、生地の状態がまるで違う結果に。①は本書で使っている「米の粉」。吸水率が低いため、スプーンですくうとリボン状に落ち、とろりとした生地に（写真右）。②は別メーカーの米粉で吸水率が高いため、ボソボソとした塊になりました。このように吸水率が違うと、生地の食感も変わってしまいます。

材料

体によくておいしいものを基準に選んだおすすめの主な材料です。
製菓材料店や自然食品店、スーパーなどで扱う他、ネット通販でも購入可能です。

粉類

でんぷん類はキメを整え膨らみや食感をよくする効果があります。タピオカ粉はもっちり、コーンスターチは軽さ、片栗粉は歯切れのよさ、アーモンドプードルはコクを加え、ほろっとした食感を出す効果があり、それぞれ食感に違いが出ます。

タピオカ粉

有機コーンスターチ

片栗粉

アーモンドプードル
(アーモンドパウダー)

油

本書では主に酸化しにくく、油臭さのない米油を使っていますが、菜種油や太白胡麻油など、強い香りやくせのない植物油も向いています。

米油

太白胡麻油

菜種油

膨張剤とレモン汁

ベーキングパウダーの使用量を抑えながらも膨らみをアップさせるため、重曹を併用しています。重曹は焼き目のねっちり感を軽減する効果も。ベーキングパウダーは保存状態によって発泡力が落ちるので、湿気を避け、温度差の少ない場所で保存し早めに使い切ります。冷蔵庫や冷凍庫での保存はNG。レモン汁は重曹の苦みを消し、膨張剤と反応して発泡力を高めます。焼き上がりに香りが残らないよう、香料の入っていないストレート果汁を使います。りんご酢や米酢で代用可能です。

レモン汁

重曹

アルミニウムフリー
ベーキングパウダー

砂糖

天然のミネラルと風味が残ったきび砂糖を主に使っています。素焚糖はより深いコクを出したいときに、洗双糖はコクを出しつつ色を薄く仕上げたいときにおすすめです。

きび砂糖

素焚糖

洗双糖

基礎BOOK

代替えについて

食物アレルギーや材料が手に入らないなどの理由で、作るのをあきらめてしまう前に、代替えについて知っておくと便利です。「これがなくちゃ」から「これでも作れる」に発想を転換させて材料をそろえてください。

タピオカ粉…片栗粉やコーンスターチで代用（ただし、タピオカ粉よりパサつきは早くなります）。

豆乳…牛乳で代用。牛乳がNGの場合は、アーモンドミルクやライスミルクで代用も可能ですが、油っこさやねとつきが出る場合もあります（甘みや塩みがあるものはレシピの砂糖や塩を減らしてください）。

水分

主に大豆固形分9％以下の無調整豆乳を使いますが、豆乳の濃度によって生地のゆるさが変わるため、調整して使ってください。豆乳ヨーグルトは植物性の乳酸菌を使用した無糖のものを使っています。

無調整豆乳

豆乳ヨーグルト

塩

ミネラル豊富で、塩辛さもとがっていない、昔ながらの製法のものを使っています。

ゲランドの塩
（顆粒）

風味づけ

天然のバニラビーンズを水とアルコールにつけて香りを抽出したバニラエキストラクトを使っています。人工香料とは一味違う優しい香りです。洋酒はお好みのものを選んでください。

オーガニック
バニラエキストラクト

ラム酒

グラン・マルニエ

ナッツ・カカオ・果実

チョコチップは乳製品不使用のものを使用。ドライフルーツは一部を除きオーガニックの無漂白のもの、ナッツもオーガニックのものを使用しています。

オーガニック
チョコチップ

オーガニック ドライクランベリー、
カリフォルニア・レーズン、
ドライ白いちじく

オーガニック くるみ、
カシューナッツ

国産鹿の子大納言

けしの実
（ブルーポピーシード）

道具

米粉パウンドケーキ作りに必要な主な道具を紹介します。
はかりや型は焼き上がりに影響するので、紹介するタイプをおすすめしますが、
あとは使いやすいものを選んでください。

はかり
微妙な分量の差は焼き上がりに影響するので、0.1g単位で量れるデジタルスケールがあるとベストです。

軍手
焼き上がりやケーク・サレにかぶせたアルミホイルを外すときなど、熱いうちに作業するので軍手を2重にして用意しておくと便利。

パウンドケーキ型
型はサイズ18×8.7×6cmのブリキ製を使っています。材質やサイズもいろいろありますが、熱伝導のスピードが変わるため、まずは基本の型で作ってみてください。

ゴムべら
大きすぎずコシがかためのものがおすすめ。ヘラと持ち手が一体型のタイプは、洗うのがラクで衛生的に保てます。

泡立て器
米粉の場合、混ぜるのに力は必要ありません。ボウルの中で扱いやすい、小さめの重くないものがおすすめです。

ボウル
直径20cmくらいのものが2つと直径12cmくらいのものが1つあると、どのレシピでも使えて重宝します。

ザル
小さめのものがひとつあればOKですが、ケーク・サレには野菜の下ごしらえ用に直径18cm以上のものがひとつあると便利です。

キッチンペーパー
トレーの上に敷いて具材の水切りをしたり、シロップを拭き取ったりと意外と出番が多いです。

オーブンシート
パウンド型に敷くと生地がくっつかず、型から取り出すのも簡単です。型に合わせてカットして使用します。

基礎BOOK

ミル&ミキサーで楽しむ
オリジナルパウダー

2章ではいろいろな粉を使ったパウンドケーキを紹介しましたが、
家にミル&ミキサーがあれば好みの素材を粉にしてオリジナルの味を楽しむこともできます。
また、市販されていない粉を自由に作ることができるため、食物アレルギーの人も安心。
使い方に困ったチアシードや朝食用のオートミールなど、いつもと違うおいしさに出会えるはず。

チアシードのパウンドケーキ / オートミールのパウンドケーキ

ミル&ミキサー
大豆やナッツなど乾燥した食品を粉末状にできるパワフルなミル。煮干しで粉末だしを作ったり、コーヒー豆を挽いたり、1台あると手作りの幅が広がります。

before / after

タイガーナッツ
ミルキーな風味でスーパーフードとしても注目のタイガーナッツ。ナッツといっても木の実ではなく、カヤツリ草の根っこの部分にできる小さな塊で、野菜に分類されます。そのためナッツアレルギーの人にもおすすめです。

before / after

オートミール
オーツ麦(えん麦)を押しつぶして乾燥させたもので、朝食としてお湯や牛乳でふやかして食べたり、クッキーやグラノーラなどにも使われたりする人気の食材です。粉状にしたものはアーモンドプードルの代用にもなります。

before / after

ココナッツ
香ばしさと甘い香りで具材やトッピングとしても人気のココナッツ。ココナッツファインやココナッツロングを粉にすれば、アーモンドプードルの代用として使えるので便利です。

before / after

チアシード
スーパーフードとして注目のチアシード。水を含むとゲル状になる性質がケーキにも活躍。粉の3%程度をパウンドケーキ生地に加えると、生地に粘りが出てつなぎになり、ふんわりとボリュームが出ます。また保水力も高まり、しっとり感が長続きします。

93

米粉パウンドケーキ作りの疑問を解決！

よくある失敗の原因や素朴な疑問をまとめました。
少しの違いが失敗につながることもあるので、参考にしてください。

Q レシピ通り作っているのに
上手に焼けません。

A 焼き上がりの生地の状態でわかる、米粉パウンドケーキにありがちな失敗例を紹介します。原因がわかれば、次は上手に焼けますよ。
＊実例のパウンドケーキは「簡単リッチパウンドケーキ」（P18）を使用。

成功例

point
- 生地全体がほどよく膨らんで焼きムラがない。
- 断面にねちっとした部分やパサつきもない。
- 適度な気泡が残り、ふんわりとした食感に。

失敗例

キメがつぶれる
水分が多いと生地の重さに負けて気泡がつぶれ、ねっちり感が出てしまいます。分量の量り方や使う豆乳の濃度によって、生地に含まれる水分量が変わることもあるので、混ぜ終わりの生地の状態をよく確認してください。

パサつく
水分が少ないと気泡も粗く、焼き立てなのにパサついた感じの仕上がりになります。加える豆乳の量を調整して、やはり混ぜ終わりの生地の状態をよく確認してください。

ふんわり食感にならない
必ずしも失敗とは言えませんが、吸水率の高い米粉を使うと、ふんわりとした食感が出ず、全体にどっしりと重い焼き上がりになります。ただし、この食感が好みの方にはこれもありです。

スカスカになる
混ぜ方が足りないと気泡が多く残って、生地がスカスカになるので注意。プレーンの場合は、混ぜ終わったら30秒置いて、余分な気泡を抜く作業を忘れずに。

Q オーブンの温度を こまめに調節するのはどうして?

A オーブンは予熱した状態で使用しますが、一度ドアを開けると庫内の温度が下がるため、実際に焼く温度よりも高めに予熱しています。また、材料によって中まで火の通りにくいものは中心部のキメがういろうのように粗くなることがあるため、高めの温度で少し焼いて生地の温度を上げてから低い温度でじっくり焼きます。火どおりのよいオーブン(ガスオーブンなど)ではレシピ通りでは温度が高すぎる場合も。様子を見て予熱温度などを加減してください。

Q 米ペーストが のり状になりません。

A 米ペーストは使うボウルが冷えていたり、お湯の温度が冷めているなど、ちょっとの違いが失敗につながります。写真のようにさらっとして粘りがでないようなら、最初からやり直して、きちんと粘度の高い米ペーストを作ってください。

Q 上手にカットするコツは ありますか?

A パウンドケーキが熱を持っている間は、ナイフに生地がつきやすいのできれいに切れません。しっかりと中心まで冷めてから切るようにしてください。1切れ切ったら、ぬれふきんでナイフを拭くようにするとよいでしょう。ケーク・サレは具材もたっぷり入っているので、冷蔵庫でしっかり冷やすと切りやすくなります。

Q プレゼントするときの ポイントは?

A パウンドケーキは乾燥しないように、ホールのままラップでくるむか、スライスしてラップにくるんでからラッピングしてください。またケーク・サレを渡すときは、傷みやすいので保冷剤をつけるのを忘れずに。

Q 残ったケーキがパサついたら どうしたらいい?

A トースターで軽く焼いてもおいしく食べられますが、アレンジして食べるのもおすすめです。ココナッツホイップクリーム(P33参照)を添えたり、パフェにしてもOK。さらに日持ちのよいラスク(P37参照)なら、少しパサついたケーキのほうがスライスしやすいのでぜひ試してみてください。

AD	三木俊一
デザイン	中村 妙(文京図案室)
写真	安彦幸枝
スタイリング	曲田有子
取材	守屋かおる
調理アシスタント	滝澤久美子
DTP	アーティザンカンパニー
校正	西進社
編集	櫻岡美佳

多森サクミ たもり さくみ

川崎市の平屋の古民家にて、米粉のパンとお菓子の教室「あれこれキッチン」を主宰。小麦粉、乳製品、卵を使わないグルテンフリーのパンやお菓子は、食にこだわりを持つ方はもちろん、全国から、時に、海外からも多くの支持を得ており、教室のほか、出張レッスンも常にキャンセル待ちがかかるほどの人気ぶり。企業や雑誌などにもレシピ提供を行なっている。著書に『米粉だから作れるとびきりおいしい焼き菓子』(家の光協会)、『フライパンでできる 米粉のパンとおやつ』(立東舎)などがある。
http://komeko100.com

材料提供

アーモンドプードル、そば粉、鹿の子大納言、ベーキングパウダーなど、主な製菓材料
TOMIZ(富澤商店)
☎ 042-776-6488
http://tomiz.com

製菓用米粉
共立食品
☎ 0120-58-5826(9:00〜17:00)
http://www.kyoritsu-foods.co.jp
＊amazonや楽天での通販も可能

くるみ、アーモンド、いちじく、レーズンなどのナッツ、ドライフルーツ類、チョコチップ
こだわり食材572310.com楽天店(ナチュラルキッチン)
https://www.rakuten.ne.jp/gold/nk/

フェアトレード・チョコレート
ピープルツリー
☎ 03-5731-6671
http://www.peopletree.co.jp

炒りぬか
魚沼元氣ごはん
☎ 080-7847-2851
https://www.uonuma-genki-gohan.com/

はじめてでもおいしく作れる 米粉のパウンドケーキ
小麦粉、乳製品、卵を使わないグルテンフリーレシピ50

2017年9月25日 初版第1刷発行

著者	多森サクミ
発行者	滝口直樹
発行所	株式会社 マイナビ出版
	〒101-0003
	東京都千代田区一ツ橋2-6-3
	一ツ橋ビル2F
	☎ 0480-38-6872(注文専用ダイヤル)
	☎ 03-3556-2731(販売部)
	☎ 03-3556-2735(編集部)
	https://book.mynavi.jp
印刷・製本	シナノ印刷株式会社

＊定価はカバーに記載してあります。
＊乱丁・落丁本はお取り替えいたします。
お問い合わせは、TEL 0480-38-6872 [注文専用ダイヤル]または、電子メール sas@mynavi.jp までお願いします。
＊内容に関するご質問等がございましたら、往復はがき、または封書の場合は返信用切手、返信用封筒を同封の上、マイナビ出版編集2部までお送りください。
＊本書は著作権法上の保護を受けています。本書の一部あるいは全部について、著者、発行者の許諾を得ずに無断で複写、複製することは禁じられています。
＊本書は、小麦粉、乳製品、卵を使わないレシピを掲載していますが、すべてのアレルギー物質にかかわる食品を使っていないことを保証するものではありません。実際に作る際には、レシピをよくご確認のうえ、ご利用ください。

ISBN978-4-8399-6347-7 C5077
©2017 Mynavi Publishing Corporation
©2017 Sakumi Tamori
Printed in Japan